FACULTÉ DE DROIT DE PARIS.

THÈSE

POUR LE DOCTORAT

PAR

JOSEPH DUPONCHEL

VERSAILLES

BEAU J^ne, IMPRIMEUR-ÉDITEUR

RUE DE L'ORANGERIE, 36.

1870

FACULTÉ DE DROIT DE PARIS.

THÈSE
POUR LE DOCTORAT

L'acte public sur les matières ci-après sera présenté et soutenu
Le jeudi 10 février 1870, à une heure et demie,

PAR

Joseph DUPONCHEL

DE LA CESSION D'ACTIONS
EN DROIT ROMAIN

DU TITRE A ORDRE
ET DES CONSÉQUENCES QUI S'Y RATTACHENT
EN DROIT FRANÇAIS

Président : M. RATAUD, Professeur.

SUFFRAGANTS : MM. MACHELARD, DUVERGER, COLMET DE SANTERRE, Professeurs. LÉVEILLÉ, Agrégé.

Le Candidat répondra en outre aux questions qui lui seront faites sur les autres matières de l'enseignement.

VERSAILLES
IMPRIMERIE DE BEAU JEUNE,
Rue de l'Orangerie, 36.

1870

A MON PÈRE — A MA MÈRE

DROIT ROMAIN.

DE LA CESSION D'ACTIONS.

DE HEREDITATE VEL ACTIONE VENDITA.

(L. 18, tit. 4. Dig., L. 4, t. 39, C.)

Dans cette matière il faut avant tout poser le principe qui avait guidé les Romains : c'est que l'obligation d'une personne envers une autre étant un rapport juridique, un *vinculum juris* essentiellement attaché à l'individualité de chacun des deux contractants, ne peut pas faire l'objet d'une cession proprement dite. Aussi Gaius, au paragraphe 38 de son commentaire deuxième, nous dit-il : *Obligationes quoquo modo contractæ nihil horum recipiunt. Nam quod mihi ab aliquo debetur, id si velim tibi deberi, nullo eorum modo quibus res corporales ad alium transferuntur id efficere possum.*

Cependant il faut bien se garder de confondre la cession du rapport d'obligation qui fut toujours prohibée d'après les principes du droit pur, mais dont les combinaisons ingénieuses des jurisconsultes romains tournèrent les effets fâcheux dans la pratique, avec la cession des actions qui ne sont que l'exercice du droit et qui fut si bien permise que, par la suite, dès que l'obligation de céder fut contractée, la loi donna elle-même au cessionnaire les actions utiles.

Cette matière de la cession d'actions est une des plus curieuses à étudier en droit romain, parce qu'elle nous dévoile parfaitement l'esprit de cette législation ; d'abord des principes rigoureux en conformité du reste avec la nature du rapport dont il faut céder l'émolument et puis ensuite une foule de détours ingénieux venant paralyser avec succès ces conséquences trop fâcheuses pour le commerce des principes admis. On comprend en effet que les principes primitifs ont pu demeurer en pleine vigueur tant que la civilisation romaine fut peu avancée ; quand le commerce se fut développé, les relations d'individu à individu se multiplièrent, on fut débiteur de celui-ci et créancier de celui-là, il fallut à tout prix trouver un moyen efficace pour commercer avec ces rapports d'obligations qui, suivant les cas, pouvaient constituer une partie très-impotante de notre patrimoine.

Dans cette étude sur la cession d'actions, nous allons examiner les points suivants qui feront l'objet d'autant de chapitres distincts : 1° comment, aux diverses époques, s'est opérée la cession ; 2° quelle capacité est requise pour céder une créance, ou pour s'en rendre cessionnaire ; 3° quelles actions sont cessibles, et du temps pendant lequel elles peuvent être cédées; 4° dans quels cas la cession a lieu nécessairement; 5° quels sont les effets de la cession; 6° quelles réformes ont été apportées par Justinien et par Anastase en notre matière.

CHAPITRE PREMIER

Comment aux diverses époques s'est opérée la cession?

A l'origine, c'est-à-dire sous la procédure des actions de la loi, il n'y avait pas d'autre moyen de commercer avec une créance que la délégation; il ne peut guère ici être question de cession, puisque le but de la délégation n'était autre que d'éteindre la créance.

Gaius après avoir parlé de la tradition, de la cession *in jure,* de la mancipation comme s'appliquant à la propriété, à l'usufruit, aux servitudes, nous dit à propos des obligations : *Obligationes quoquo modo contractæ nihil eorum recipiunt, sed opus est ut, jubente me, tu ab eo stipuleris; quæ res efficit ut a me liberetur et incipiat tibi teneri, quæ dicitur novatio obligationis* (1). Cet expédient offrait-il aux parties un moyen commode de sortir d'embarras? Il est permis d'en douter, car la délégation exige le consentement du débiteur qui peut être difficile ou même impossible à obtenir; en outre la créance se trouvait éteinte pour faire place à une nouvelle, alors qu'on avait peut-être grand intérêt à conserver la pre-

(1) Gaius, Comment. II, § 38.

mière en raison des sûretés dont elle était garantie (1). Tant que la procédure des actions de la loi subsista, ces inconvénients persistèrent; ce ne fut que quand les deux lois *Julia* et *Æbutia* y eurent mis un terme, qu'on put trouver un nouveau moyen pour arriver au but qu'on se proposait. Ce moyen se trouve dans le mandat, or les actions de la loi ne permettaient pas qu'on pût se faire représenter en justice, si on excepte quelques cas signalés par Gaius et Justinien, savoir : *pro populo, pro libertate, pro tutela, furti nomine eorum qui apud hostes essent* d'après la loi *Hostilia* et *pro peregrinis* par l'action *repetundarum* d'après la loi *Servilia* (2).

Une fois le système formulaire en vigueur, on put se faire représenter en justice, et nous allons voir les ressources que ce moyen mit à la disposition des Romains pour arriver à céder les créances. On donna mandat à celui qu'on voulait rendre cessionnaire d'exercer l'action, en convenant toutefois qu'il garderait pour lui l'émolument de la poursuite qu'il allait exercer. Ce fut ce qu'on appela constituer un *procurator in rem suam*. Il y avait là si bien un mandat, que, d'après la formule rédigée par le préteur, il n'y avait pas à examiner si le défendeur était débiteur du *procurator*, mais bien s'il était débiteur du mandant (3). Bien que le *procurator in rem suam* devînt *dominus litis* par la *litis contestatio* et bien que la *condemnatio* fût conçue en son propre nom, de sorte que

---

(1) L. 18, D. *de novationibus*, l. 1, C. *de novationibus*.

(2) Gaius, C. IV, § 82. *Instit. pr. per quos agere possum*, l. IV.

(3) Gaius, C. IV, 86.

lui seul acquît, pour ou contre lui, l'action *judicati*, cependant l'*intentio*, c'est-à-dire l'élément essentiel de la formule était conçue au nom du *dominus ; nam si, verbi gratia, Lucius Titius pro Publio Mævio agat, ita formula concipitur : si paret Numerium Negidium Publio Mævio sestertium decem millia dare oportere, judex Numerium Negidium Lucio Titio sestertium decem millia condemna, si non paret absolve* (1).

La faculté de plaider par procureur donna aux Romains un moyen de céder les créances sans qu'il y eut besoin d'obtenir le consentement du débiteur ; en outre, comme c'était la même créance qui persistait, les sûretés qui la garantissaient ne s'éteignaient pas comme quand on avait recours à la délégation. Cependant le système que nous venons d'étudier était encore défectueux à plusieurs égards : ainsi le cédant ou le mandant pouvait rendre l'exécution du mandat impossible, en le révoquant ; de plus, le mandat pouvait s'éteindre par la mort du mandant ou par celle du mandataire. Pour les actes par lesquels le mandant aurait mis un terme au mandat, on trouva un remède dans la *denuntiatio*, c'est-à-dire dans la connaissance donnée au débiteur cédé du mandat ou de la cession. C'est dans une loi du code qu'on trouve pour la première fois mentionnée cette *denuntiatio;* cette loi est une constitution de l'empereur Sévère qui remonte à 226 (2). L'empereur Gordien a donné à cet acte un effet définitif pour consolider le droit

---

(1) Gaius, C. IV, § 86.
(2) L. 4, C., *quæ res pignori*.

du mandataire, il a mis à cet égard sur le même pied les trois actes suivants (1) : un paiement partiel, la *denuntiatio* et la *litis contestatio*. Cette *denuntiatio* empêcha le débiteur de payer en d'autres mains que celles du cessionnaire, s'il voulait éteindre la dette à son égard.

Plusieurs questions s'élèvent au sujet de la *denuntiatio*. D'abord, était-ce un acte solennel ? Nous n'avons pas de textes qui puissent nous éclairer sur ce point, on ne peut guères que construire des hypothèses. Les auteurs considèrent communément la *denuntiatio* dont parle Gordien, comme étant la *litis denuntiatio*, c'est-à-dire le mode d'introduire l'instance qui avait été imaginé pour ne plus subir les gênes et les lenteurs du *vadimonium* et de l'*in jus vocatio*. Cette *denuntiatio*, qui n'était qu'un simple acte sans authenticité, devint sous Constantin un acte public. Il n'y a pas lieu de s'étonner de ce que l'on donnait à la *litis contestatio* l'effet d'empêcher le débiteur de payer aux mains du cédant, résultat obtenu déjà, ce semble-t-il, par la *litis denuntiatio* qui précédait l'instance ; il y avait tel cas en effet, par exemple, quand il s'agissait de demandes liquides et urgentes où l'on pouvait assigner son adversaire par une simple citation faite au défendeur verbalement par un huissier (2). Au surplus, sous Justinien, nous n'avons plus la *litis denuntiatio*, cet acte obligatoire et public qui doit être fait au greffe du magistral (*apud acta*), l'instance s'introduit par un *libellus conventionis*, la *litis de-*

---

(1) L. 3, C., *de novationibus*.
(2) L. 3., § 1, C., Th. lib. II, t. 4. L. 6, § 1, C., Th. lib. VIII, t. 15.

nuntiatio conserve toute son utilité quant à la cession, et quand on n'y a pas recours, le même résultat est obtenu par la *litis contestatio* un peu plus tard, c'est-à-dire, sous la procédure extraordinaire, comme le disent les empereurs Sévère et Antonin, *cum judex per narrationem negotii causam audire cœperit* (1).

Une autre question s'élève relativement à la *denuntiatio*, elle a divisé les interprètes les plus considérables du droit romain, c'est la question de savoir si la connaissance que le débiteur a eue *extrinsecùs* de la cession est suffisante pour l'empêcher de se libérer entre les mains du cédant. L'affirmative me semble après hésitation plus sûre. A quoi bon informer quelqu'un de ce qu'il sait déjà ? Pourquoi le débiteur qui était à même de repousser le cédant qui l'actionnait, par une exception et avec le secours du préteur, lui a-t-il payé alors qu'il savait pouvoir payer au cessionnaire avec certitude d'être libéré ? Accurse, sur notre question, a soutenu l'affirmative *ad legem ultimam D. de transactionibus* et la négative *ad legem 4 C. quæ res pignori*. Doneau a soutenu également l'affirmative et la négative. Voici ce qu'il dit *ad leg.* 3 *C. de novationibus ; Ego puto et si ei denuntiatum non sit ab eo cui cessæ sunt actiones sed aliter sciverit actiones ei esse mandatas, non magis eum veteri creditori solvendo liberari, denique ut liberetur ei solvendo postea solum ignorantia defendi ut in lege ult. de transactionibus. Nam quomodo actione utili, una teneri cœpit, facto suo liberetur?* Loi 91 § 4 *de verbor. oblig.*

(1) L. 1, C., *de litis contestatione.*

Il s'exprime au contraire dans les termes suivants, *ad leg. 4 C. quæ res pignori: nunc autem in proposito denuntiatio creditoris exigitur non ut debitor sciat nomen suum pignori datum esse, sed ut sciat creditorem, cui nomen pignori datum est sibi solvi velle ; quod juste ignorat debitor priusquam illi a creditore secundo sit denuntiatum neque debitori vitio verti debet si creditorem secundum non adiit et rogavit num sibi solvi vellet, non enim debuit debitor in re aliena esse curiosus.* L'opinion que nous soutenons a été combattue par le président Favre(1).

La forme de la procuration *in rem suam* étant soustraite aux inconvénients résultant du propre fait du mandant qui pouvait en paralyser les effets, il fallut trouver un moyen pour éviter ceux qui pouvaient résulter de la mort de l'une des parties.

Ce moyen fut la concession des actions utiles accordées aux héritiers du mandataire ; on ne l'admit d'abord que dans les cessions à titre onéreux, mais Justinien ne tarda pas à l'étendre aux cessions faites *donationis causa* (2). On alla plus loin, la loi accorda les actions utiles dans des cas où aucun mandat n'était intervenu.

De cette manière deux moyens s'offrirent pour céder les créances, la forme du mandat qui était la première et la forme de la cession qui pouvait résulter d'une foule d'actes, non-seulement d'une vente, mais encore d'une constitution de dot ou d'un legs (3).

---

(1) *Conjectur.* Lib. XII, C. III, §§ 4 et suiv.
(2) L. 33, C., *de donationibus.*
(3) L. 2, c., *de oblig. et action.* L. 18, C., *de legatis.*

La première application de ces actions utiles eut lieu au profit de l'acheteur d'une hérédité, elle nous est révélée par la loi 16 D. *de pactis*. Un homme avait vendu une hérédité et après il voulait agir comme si aucune convention n'avait eu lieu, l'empereur Antonin dans un rescrit décida que l'acheteur avait les actions utiles et que le débiteur héréditaire pouvait repousser le vendeur par l'exception de dol. On a ensuite étendu le bénéfice des actions utiles à celui qui avait reçu en paiement une créance (L. 5 C. *quando fisc. vel privat*). On nous dit au code qu'il ne peut agir du chef du débiteur que si on lui donne mandat, mais qu'il peut sans cela exercer les actions utiles. Quand une dot a été constituée en créances, le mari peut poursuivre les débiteurs du constituant par les actions utiles (loi 2 C. *de oblig. et act.*), ceci était, nous dit-on, de jurisprudence constante, *sæpe rescriptum est*.

Les créanciers qui poursuivaient le débiteur qui ne s'exécutait pas pouvaient se faire autoriser par le juge à poursuivre les débiteurs de leur débiteur, quand il n'y avait aucun autre bien sur lequel on pût poursuivre l'exécution (L. 15 §§ 8 et 10 D. *de re judicata*.) L'acheteur d'une créance, aux termes d'une constitution de Dioclétien et Maximien, jouissait d'une action utile, (loi 8 C. *de hered. vel. act. vendit.*) Le légataire d'une créance avait une action utile contre le débiteur, il se trouvait ainsi prémuni contre toute éventualité provenant, soit du mauvais vouloir de l'héritier qui aurait refusé de lui céder son action ou qui se serait trouvé dans l'impossibilité de le faire. (Loi 18 C. *de legatis*.)

Pour terminer ces courtes notions historiques, il nous

resterait à parler des réformes de Justinien et d'Anastase, nous n'en parlerons cependant pas ici, parce qu'elles occupent une place assez importante pour faire l'objet d'un chapitre particulier, en outre elles n'ont rien introduit de nouveau en ce qui concerne la manière de procéder pour arriver à la cession, elles n'ont fait qu'en modifier les effets.

Nous avons indiqué, en commençant ce travail, quelle différence existait entre la délégation et la novation, nous n'y revenons pas ; nous voulons seulement, pour compléter, mettre en relief la différence qui existe avec une autre opération qui lui ressemble, avec l'*assignatio*. L'assignataire n'est qu'un mandataire que le créancier autorise à poursuivre le recouvrement de la créance contre son débiteur. Comme le mandat ne s'exécute pas aux risques du mandataire, le risque de l'insolvabilité, à supposer que l'assignataire ne soit pas en faute, retombera sur l'*assignans*, l'*assignans* à la différence du *cedens* garantit la solvabilité du débiteur assigné, tandis que le *cedens* ne garantit que l'existence de la créance. En outre, celui qui, débiteur de quelqu'un, lui assigne son débiteur à titre de *datio in solutum*, ne se trouve libéré que par le paiement de celui-ci ; celui qui fait *datio in solutum* d'une créance à son créancier est libéré par le seul fait de la cession.

CHAPITRE SECOND.

Quelle capacité est requise pour céder une créance ou pour s'en rendre cessionnaire?

En cette matière la capacité est la règle, l'incapacité l'exception. L'incapacité provient d'un fait naturel ou de la loi. Le fait naturel sera, par exemple, un âge trop tendre ou le manque d'intelligence. Les pupilles, *pubertati proximi*, ne peuvent céder leurs actions, incapables qu'ils sont de s'obliger; il y a incapacité pour les prodigues auxquels on a interdit l'administration de leur patrimoine parce qu'ils sont incapables, en tant qu'il s'agit, de s'obliger ou de diminuer leur patrimoine comme les *furiosi*. Les mineurs de 25 ans pourvus de curateurs sont incapables de céder leurs actions; s'ils n'en sont pas pourvus, ils sont capables, sauf le bénéfice de la *restitutio in integrum*. Si l'action cédée est alternative, en ce sens qu'elle tende à l'obtention d'un meuble ou d'un immeuble, le choix seul fixera d'une manière définitive sa nature, et alors seulement on pourra savoir si pour la cession il fallait observer les formalités prescrites pour l'aliénation des immeubles. On peut invoquer à l'appui de cette solution ce que Paul nous dit dans la loi 10 D. *de fundo dotali* dans un cas analogue.

L'*infans* et le *furiosus* ne peuvent être cessionnaires parce qu'ils n'ont pas conscience de leurs actes. Le pupille *proximus purbertati* peut l'être parce qu'il rend ainsi sa condition meilleure.

Parmi les incapacités ayant leur source dans une disposition du droit positif, la principale est celle qui empêche un *potentior* vis-à-vis du débiteur de se rendre cessionnaire de la créance ; on a voulu par là protéger les débiteurs contre l'influence de certains personnages dangereux par leur situation. Cette exception à la règle de la capacité atteste l'imperfection de l'administration de la justice dans le Bas-Empire, car dans un pays où la justice est la même pour tous, le faible n'a rien à craindre de celui qui est puissant, les lois étant assez fortes pour le protéger.

Le titre *ne liceat potentioribus* n'a pas le même objet que le titre *de alienatione judicii mutandi causâ factâ*, qui a pour objet une opération du débiteur et non plus du créancier.

Que faut-il entendre par *potentior?* C'est là une question où les circonstances de fait joueront un rôle déterminant. Si une créance a été cédée à un *potentior* il sera puni par la perte de la créance et, s'il agit en justice, il sera puni spécialement par une *cognitio extra ordinem* dont connaîtra le recteur de la province (L. L. 1 et 2 C. *ne liceat potent.*) M. Machelard, d'accord avec M. de Wangerow, repousse ici l'idée de survivance d'une obligation naturelle. Voici comment s'exprime le savant professeur de la Faculté de Paris : « Nous croyons qu'il n'est plus permis au créancier de prétendre à aucun effet de son obligation pour lequel il aurait besoin de recourir à la justice. Il pourrait seulement, retenir à titre de créancier, ce qui lui aurait été payé volontairement. » V. *Oblig.*

naturelles, p. 517. On a soutenu qu'entre parents le titre *ne liceat potentioribus* est sans application ; c'est là une erreur de Tiraqueau, car s'il fallait faire cette exception, il faudrait en faire bien d'autres fondées en raison, mais que les textes n'autorisent en aucune façon, par exemple pour les créances litigieuses.

Dans notre droit, l'article 1597 C. Nap. contient quelque chose d'analogue aux dispositions rendues par Claude, comme nous l'apprend la loi 1 C. *ne liceat potent.* des empereurs Dioclétien et Maximien, et plus tard renouvelées dans la loi 2 des empereurs Arcadius, Honorius et Théodose C. *eod. tit.*, suivant laquelle *debiti creditores jactura mulctantur*. Mais cet article déclare la cession nulle, sans déclarer la créance éteinte, aussi la plupart des commentateurs refusent-ils d'admettre qu'il y ait libération du débiteur.

Les avocats et procureurs qui acceptent comme honoraires une fraction de l'intérêt représenté par le litige sont punis comme déprédateurs, et on leur interdit l'accès du Forum. La loi Cincia défendait aux avocats de recevoir des présents, c'est par un ressouvenir de cette loi qu'on prohiba les pactes *quotæ litis;* du reste on permettait aux avocats d'exiger des honoraires pour lesquels on avait fixé un tarif.

Justinien a défendu aux tuteurs et curateurs de se rendre cessionnaires de droits contre leurs pupilles ou leurs mineurs qui demeureront affranchis de tout recours, si ces personnes ne tiennent pas compte de la prohibition. Justinien prohibe non-seulement les cessions qui interviendraient au cours de la tutelle ou de la curatelle, mais encore celles qui auraient lieu après, de peur qu'en vue d'un procès futur, ils ne préparent leurs artifices longtemps d'avance. Cette cession est tellement réprouvée que, si le mineur a payé au tuteur, il aura la *condictio indebiti*, la loi ayant prononcé la nullité, il ne peut survivre aucune obligation naturelle ou civile. Voici à cet égard comment s'exprime M. Machelard dans son savant ouvrage sur les *Obligations naturelles* : « La novelle 72 prononce la perte de la créance que le tuteur ou curateur obtiendrait après son entrée en fonctions d'une manière quelconque à titre onéreux ou gratuit, d'une créance contre le pupille ou contre le mineur. Le chapitre v ne se borne pas à annuler une pareille cession, il décide positivement que toute action sera refusée au cédant ou au cessionnaire, de sorte que le débiteur se trouve libéré et *lucrum fiat adolescentis*. Cette disposition se motive par une présomption de fraude du tuteur ou du curateur, supprimant des documents favorables à l'incapable ou détruisant ceux qui lui nuisent. En s'attachant à cette présomption de fraude qui est la base de la disposition de Justinien, il faut dire comme MM. de Wangerow et Schwaüert qu'il ne subsiste pas en ce cas d'obligation naturelle dont le créancier puisse tirer parti contre le débiteur et que la *condictio indebiti* devra être accordée au pupille ou au mineur qui aura payé par erreur. Cependant Mulhembrüch et Pfordten veulent ici appliquer la loi 19 pr. D. *de condict. indeb.* ainsi conçue : *Si pœnæ causa ejus cui debetur debitor liberatus est, naturalis obligatio manet et ideo solutum repeti non potest.* »

L'incapacité, du reste, ne concerne pas les parents tuteurs de leurs enfants, l'exception ne se justifierait plus à cause de l'intérêt que ces tuteurs portent à leurs pupilles.

Un père ne peut se rendre cessionnaire d'actions contre le fils de famille qu'il a sous sa puissance, et réciproquement, parce que durant le cours de la puissance paternelle il ne peut y avoir de procès entre ces personnes, sauf en ce qui concerne le pécule *castrens*. Si le fils était émancipé, il pourrait agir contre son père ou sa mère ; mais il faudrait pour cela obtenir la permission, *venia edicti petita ;* en conséquence, une cession d'actions peut très-bien intervenir entre ces personnes (1).

D'anciens auteurs ne voulaient pas que le cessionnaire fût une personne privilégiée quand le cédant ne l'était pas, parce que ce serait empirer la situation du débiteur. Suivant Cujas, la cession est valable ; seulement tout doit se passer comme si le cédant agissait lui-même, il faut laisser de côté le privilége du cessionnaire (2).

CHAPITRE TROISIEME.

Quelles actions sont cessibles et du temps pendant lequel elles peuvent être cédées.

Toutes actions peuvent se céder, celles qui sont réelles comme celles qui sont personnelles (loi 9, C. *de hered. vel act. vendit.*) ; il en est de même de celles qui déri-

---

(1) L. 7, D., *de oblig. et act.* L. 3, C., *de in jus vocando.*
(2) Lib. X, *Observ.*, c. III.

vent d'un délit (Loi 38, § 1er D. *de solutionibus*). Le cessionnaire d'une action peut à son tour la céder. On peut céder une action future qui n'existe que comme éventualité; *spem futuræ actionis plena intercedente donatoris voluntate posse tranferri, non immerito placuit* (1). Il faut admettre que le droit d'exécution parée est cessible, c'est ce que décide Bartole *ad legem unicam* C. *de operis novi nuntiatione*.

On peut céder le bénéfice de la *restitutio in integrum*, cela résulte de la loi 24 *pr.* D. *de minoribus;* cette loi décide que si un mineur est intervenu spontanément dans les affaires d'un tiers, sans aucun mandat, et s'il refuse de demander la *restitutio in integrum* contre les personnes avec lesquelles il a contracté, le tiers dont il a géré les affaires peut contraindre ce mineur à lui faire la cession de ce bénéfice, en sorte, dit notre loi, que ni le tiers dont les affaires ont été gérées, ni le mineur lui-même, ne souffrent de la gestion. Ainsi, comme on le voit, sont non-seulement cessibles les droits et actions dont la source se trouve dans les contrats et dans les délits, mais encore les droits qui naissent d'un privilége, ce privilége fût-il personnel comme le *beneficium ætatis* dont nous venons de nous occuper.

Si un mineur cède tous ses droits, cette disposition ne comprendra la *restitutio in integrum* que si l'on s'en est formellement expliqué, parce qu'il s'agit de l'honneur de la personne qui vient ainsi attaquer ses propres actes. On peut, à l'appui de cette solution, invoquer ce frag-

---

(1) L. 3, C., *de donationibus*.

ment suivant de Gaius : *Si talis interveniat juvenis cui præstanda sit restitutio, ipso postulante præstari debet aut procuratori ejus cui id ipsum nominatim mandatum sit, qui vero generale mandatum de universis negotiis gerendis allegat non debet audiri* (1).

Il y a des actions qu'on ne peut céder : ce sont d'abord les actions dites populaires, car elles ont pour but avant tout la sauvegarde de la société plutôt que des intérêts particuliers, et celui qui est à même de les intenter n'en est pas pour cela plus riche. Ainsi on ne peut lui donner le nom de créancier, un fidéjusseur ne peut intervenir avant la *litis contestatio*, parce que *nullum est debitum, ibi nulla est fidejussio.* On ne peut constituer de *procurator* à l'effet de les intenter tant qu'il n'y a pas eu *litis contestatio*, une fois celle-ci opérée, la cession demeure encore impossible, mais par une autre raison, c'est que la créance est devenue litigieuse.

L'action d'injures est incessible avant comme après la *litis contestatio* ; elle l'est avant, parce qu'elle a pour but de venger notre honneur (2), c'est ce que nous dit Cicéron dans son discours *pro Cæcina : injuriarum actionem non jus possessionis assequi, sed dolorem imminutæ libertatis judicio pœnaque mitigare.* Bartole nous dit que cette action n'est pas dans notre patrimoine pour la transmissibilité aux héritiers, mais qu'elle y est pour le reste. C'est là une pure affirmation que rien ne justifie, nous

---

(1) L. 7, § 1, D., *de action. popular.* L. 13, § 1, D., *de publicis judiciis.* L. 32, pr. D., *ad leg. Falcid.*

(2) L. 28, D., *de injuriis et famosis libellis.*

n'y répondrons pas en disant qu'on peut céder ce qui est transmissible aux héritiers et que ce qui est intransmissible est incessible : il y a là une maxime inventée par les commentateurs et qui n'appartient nullement au droit romain. En effet, une créance litigieuse, et l'action d'injures le devient après la *litis contestatio*, est parfaitement transmissible aux héritiers, quoiqu'elle demeure incessible. D'un autre côté, l'usufruit, quoique intransmissible, est parfaitement cessible.

Il faut en dire autant, suivant Cujas, de la *querela inofficiosi testamenti*, parce que son but est beaucoup plus moral que pécuniaire, la réparation de la douleur et de la honte qui rejaillissent sur nous d'une exhérédation injuste.

L'action en révocation pour cause d'ingratitude est incessible parce que, disent Constantin et Constance, *ita personalem esse volumus ut vindicationis tantum habeat effectum*, c'est-à-dire, suivant Cujas, *vindictam seu ultionem tantum persequatur non pecuniam* (1).

Au point de vue de la cession, il faut mettre l'ancienne action *de moribus* et celle par laquelle le patron fait replacer en servitude les affranchis ingrats sur la même ligne que l'action en révocation d'une donation.

C'est à tort que Mulhembrüch, dans un traité fort estimé sur la cession d'actions, range dans la catégorie des droits incessibles, tous les droits qui se compliquent d'obligations, que le créancier a de son côté contractées envers le débiteur, car si on peut céder la créance qu'on

(1) L. 7, C., *de revocand., donat.*

a, on ne peut céder la dette qui nous incombe, et forcer ainsi le créancier à poursuivre un autre débiteur. Cette observation est inutile, car il est contraire au but de la cession de substituer comme obligée, dans les liens de l'obligation, une personne autre que celle qui l'a contractée. Les contrats qui, comme la société, le mandat, s'éteignent par la mort, et même ceux qui, comme la vente, la location, sont fondés sur une confiance personnelle, ne peuvent faire l'objet d'une cession, parce que les rapports qu'ils produisent comprennent des prestations inséparables de l'individualité des personnes. Les actions résultant de ces contrats peuvent bien être cédées, mais seulement quand elles n'obligent le cessionnaire à aucune obligation envers le débiteur cédé, par exemple, l'action *mandati* quand elle a pour objet une simple somme d'argent sans obligation réciproque du cessionnaire.

Sont incessibles les actions litigieuses, mais quelles actions sont litigieuses? L'action devient litigieuse dès qu'il y a *litis contestatio*; c'est à cette époque que les parties se trouvent liées à la procédure d'une manière définitive.

En ce qui concerne l'action *in rem*, quelques observations sont nécessaires. Il était ici facile d'éluder la prohibition de la loi en cédant le droit de propriété ou d'usufruit, le nouvel acquéreur se trouvait à même d'intenter l'action litigieuse. Le défendeur, de son côté, pouvait aussi abandonner la possession et se mettre hors d'état de restituer *arbitrio judicis*, on remédia à cette fraude par l'exception *litigiosi*. *Si fundum litigosum sciens a non possidente emeris, eumque a possidente petas, opponitur tibi exceptio per quam omnino sommove-*

ris (1). Le possesseur qui a cessé de posséder par dol, peut être condamné comme s'il possédait encore et le demandeur n'en conserve pas moins pour cela son action contre le nouveau possesseur (2).

Celui qui cède une action litigieuse fait un acte dont il n'y a aucun compte à tenir, il conserve son action. On permet dans quelques cas exceptionnels de faire cession de créances litigieuses ; ces exceptions se motivent parce qu'on se trouve dans des cas où d'autres raisons que le désir de tracasser son adversaire viennent expliquer l'opération qui est intervenue (3). La cession d'actions litigieuses est permise par exception, quand elle a lieu dans un testament ou dans un codicille, quand elle a pour but le partage d'une hérédité ou de ce qui fait l'objet d'un fidéicommis, enfin quand la cession a lieu à titre de dot, de transaction ou de *donatio ante nuptias.*

Il faut relativement à l'action *in rem* faire observer que le droit antérieur s'est trouvé modifié par la novelle 112 ch. I de Justinien. En effet, aux termes de cette novelle, une chose litigieuse est celle *cujus de dominio inter actorem et reum quæstio movetur, vel per judicialem citationem, vel per oblatas imperatori preces judicique insinuatas et per eum adversario actoris notas factas*; or, comme suivant Ulpien, *non debet actori licere quod reo non permittitur* (L. 41 D. *de reg. juiris*),

---

(1) Gaius, C. IV, § 117.
(2) L. 69, D., *de rei vindicat.*
(3) L. 4, *in fine*, C., *de litigiosis.*

le demandeur ne peut plus aliéner son action après la citation.

C'est à tort qu'Accurse admet l'incessibilité de l'action hypothécaire, et cela avec de nombreux auteurs. Bartole est d'un avis opposé *ad legem fidejussor obligari* 17 D. *de fidejussor.* Il serait étonnant qu'on pût la donner en gage (1) et qu'on ne pût pas la distraire pour en faire l'objet d'une cession.

C'est donc avec raison que la loi 9 C. *de hered. vel. act. vendita* nous dit que toute action est cessible, sans distinguer si elle est *in rem* ou *in personam.* Nous allons étudier maintenant pendant combien de temps la cession peut s'opérer utilement. On peut céder les actions avec efficacité tant qu'elles existent, c'est-à-dire avant le paiement ou bien après, mais alors il faut qu'il y ait eu mandat tacite qu'on les céderait, car dans ce cas, on peut dire du créancier : *non in solutum accepit, sed quodammodo nomen debitoris vendidit* (2). Toutefois ceci n'est vrai qu'autant que les personnes qui sont tenues, le sont principalement et en vertu du même lien d'obligation, comme quand il s'agit des *correi;* mais quand ces conditions ne sont pas remplies, la cession est possible après le paiement. Ainsi un tuteur n'a pas poursuivi à temps un débiteur du pupille, il se trouve tenu, mais à un autre titre et de plus accessoirement ; il devra payer, mais, quand il aura payé, il pourra contraindre le pupille à lui céder l'action qu'il a contre ce débi-

(1) L. 7, C., *de her. vel. act. vendita.*
(2) L. 36, D., *de fidejuss.*, 76, D., *de solut.*

teur (1). Ceci n'aurait pas lieu à l'égard des cofidéjusseurs, qui au surplus se trouvent dans la même position que les *correi promittendi*. Telle est l'opinion de M. Demangeat dans son excellent ouvrage sur les *Obligations solidaires*, p. 248 et s.

A l'égard du *mandator pecuniæ credendæ*, aucun doute n'est possible, la loi 95 § 10 est formelle, le cession est possible après le paiement effectué par le débiteur accessoire.

CHAPITRE QUATRIEME.

Dans quels cas la cession a lieu nécessairement.

En principe on est libre d'aliéner ou de ne pas aliéner ses actions ; mais à cette règle il existe des exceptions. Cette obligation existe à la charge de l'héritier qui est grevé d'un fideicommis et qui doit restituer l'hérédité aux termes du S.C. Trébellien (2).

Celui qui possède l'hérédité d'autrui est obligé de restituer les actions qu'il a acquises à l'occasion de l'hérédité. *Actiones si quas possessor nactus est, evicta hereditate restituere debet veluti si interdictum unde vi aut quod precario concessit* (3).

Le créancier qui, *jure pignoris*, a vendu la chose engagée quoiqu'il ne soit pas tenu de l'éviction, une fois

---

(1) L. 95, § 1, D., *de solut.*
(2) L. 73, D., *ad S. C. Trebell.*
(3) L. 40, § 2, D., *de petit. heredit.*

qu'elle s'est produite, doit céder à l'acheteur l'action contraire de gage qu'il a contre le débiteur : *cui enim non æquum videbitur vel hoc saltem consequi emptorem quod sine dispendio creditoris futurum est* (1)?

La loi des Douze Tables partageait proportionnellement les créances entre les différents héritiers; mais cette manière de procéder offrait des inconvénients, car on a plus d'intérêt à avoir une créance de 100 qu'à recouvrer quatre créances de 25. En conséquence, le juge de l'action *familiæ erciscundæ* (2) peut faire entrer dans chaque lot des créances entières. Pour arriver à ce résultat, le juge fera stipuler et promettre aux héritiers le *mandatum actionum;* dans notre cas, la cession est nécessaire aussi bien de la part du cédant que de la part du cessionnaire.

Le *procurator* doit céder les actions qu'il a acquises en cette qualité, par exemple l'action en éviction qui lui compète contre le vendeur quand il a été rendu mandataire (3). Quand une personne est indemnisée d'un dommage par la responsabilité qu'une autre personne a contractée, elle est obligée de céder son action contre l'auteur du dommage, pour qu'elle ne soit pas désintéressée deux fois quand l'autre subirait une perte sèche. C'est ce qui a lieu pour la *condictio furtiva* et l'action de la loi *Aquilia*, qui appartiennent au propriétaire d'effets confiés à un armateur ou à un hôtelier (4). Ces

(1) L. 38, D., *de evictionibus.*

(2) L. 2, § 5, L. 3, D., *familiæ erciscundæ.*

(3) LL. 8, 43, 45, D., *Mandati.*

(4) L. 6, § 4, D., *Nautæ caupones stabul. ut recep. restit.*

personnes, tenues d'une action *in factum de recepto* envers les marchands et voyageurs, pourront exiger d'eux la cession des actions qui leur compètent comme propriétaires. Un mineur a emprunté de l'argent, et cet argent il l'a prêté à son tour ; il devra céder à son prêteur l'action qu'il a lui-même en qualité de sous-prêteur (1). Le mineur, qui, de lui-même et sans aucun mandat, a géré les affaires d'un majeur, est obligé de céder le bénéfice de la *restitutio in integrum* qui lui compète, afin que le majeur puisse obtenir réparation du préjudice causé, sans qu'il en coûte rien au mineur (2). Un esclave légué est blessé avant l'adition d'hérédité, l'héritier devra céder l'action de la loi *Aquilia,* qui ne compète qu'au maître de l'esclave (3). Si celui-ci est blessé après l'adition, l'action compète directement au légataire sans cession. Quand on revendique une chose contre le possesseur de bonne foi qui, par sa faute, mais sans dol, a cessé de posséder, celui-ci, condamné à payer la *litis æstimatio*, pourra réclamer au juge que le demandeur lui cède ses actions (4) ; nous supposons qu'il n'a pas usucapé, parce que s'il avait usucapé, il pourrait écarter la revendication. Si le possesseur avait cessé de posséder de mauvaise foi, il ne serait pas écouté à demander la cession d'actions.

Un mineur a fait condamner ses curateurs pour n'avoir pas veillé à ce que les tuteurs s'acquittassent envers

---

(1) L. 27, § 1, D., *de minoribus.*
(2) L. 24, D., *de minoribus.*
(3) L. 13 § 3, et L. 14, D., *ad legem Aquil.*
(4) LL. 63 et 69, D., *de rei vindic.*

lui de leurs dettes en temps utile ; les curateurs pourront exiger de lui qu'il leur cède ses actions contre les tuteurs. De même s'il s'agit d'un débiteur étranger que le tuteur n'a pas poursuivi à temps et qui est devenu insolvable en tout ou en partie, le tuteur condamné à désintéresser le pupille pourra exiger de lui la cession de son action contre le débiteur (1).

La cession d'actions a lieu nécessairement quand c'est un des deux *correi promittendi* qui a désintéressé le créancier ; quelques auteurs ont voulu contester cette conséquence, qui ressort manifestement de la loi 65, C. *de evictionibus*. « Deux cohéritiers, nous dit ce texte, ont vendu une chose héréditaire qui était engagée, et ils se sont portés garants, proportionnellement à leurs parts en cas d'éviction. L'un d'eux ayant payé sa part dans la dette, le créancier gagiste a évincé l'acheteur. On demandait si les deux héritiers pouvaient être poursuivis par celui-ci. Telle est effectivement la conséquence de l'indivisibilité du gage. Et celui qui a payé sa part au créancier n'a pas la ressource de se faire céder au moyen de l'exception de dol les actions de l'acheteur, car il ne s'agit pas de *duo rei*, mais il pourra faire usage de l'action *familiæ erciscundæ*. » S'il est un cas où l'argument *a contrario* ait de la force, c'est le cas qui nous occupe. M. de Savigny, dans son *Traité des obligations*, admet cette conséquence comme certaine, il ne la développe même pas. M. de Wangerow au contraire croit que de la loi 65 il n'y a que ceci à conclure : c'est que le bénéfice *ce-*

(1) LL. 20 et 21, D., *de tut et rat. distr.*

dendarum actionum n'est pas incompatible avec l'idée d'obligation corréale sans qu'il faille pour cela nécessairement l'admettre. Cette opinion est trop subtile pour pouvoir être admise. Sur cette question, nous ne faisons que reproduire l'opinion de notre savant professeur, M. Demangeat (1). Dans le cas qui nous occupe, la cession d'actions s'obtient au moyen de l'exception de dol.

En cas de simple obligation *in solidum*, nous avons vu que la cession pouvait s'opérer après le paiement à la différence de ce qui a lieu pour l'obligation corréale ; ici nous aurons une ressemblance à constater, c'est que le débiteur tenu *in solidum* qui paye toute la dette peut exiger du créancier la cession des actions. Il faut que celui qui a été condamné *in solidum* et qui a payé toute la dette n'ait donné lieu à l'exercice de l'action du créancier ni par son dol, ni même par sa simple faute. C'est pourquoi l'empereur Antonin Caracalla n'accorde à un tuteur le bénéfice *cedendarum actionum* que s'il n'a pas été condamné seul envers sa pupille par sa propre faute (2). Si le créancier poursuit un des débiteurs tenus *in solidum* par suite d'un dol commun, celui-ci n'aura pas de recours contre les autres; *quæ res eum indignum fecit ut a ceteris quid consequatur doli participibus, nec enim ulla societas maleficiorum vel communicatio justa damni ex maleficio est* (3).

Le fidéjusseur qui paie la dette a droit à la cession

---

(1) *Obligations solidaires en dr. rom.*, p. 252 et suiv.

(2) L. 2, C., *de contr. judic. tutelæ.*

(3) L. 1, § 14, D., *de tutel et ration.*

d'actions. S'il y a des gages, il se les fera céder ; mais si ces garanties sont affectées à d'autres créances dont le créancier n'est pas remboursé, il ne sera pas obligé de les céder avant d'être désintéressé. Ainsi la cession d'actions pour être exigée ne doit pas porter préjudice au créancier qui l'opère (L. 2, C. *de fidej.*). La renonciation au bénéfice de discussion ne touche en rien le bénéfice de cession d'actions, et réciproquement, la renonciation au bénéfice de cession d'actions ne tire nullement à conséquence en ce qui concerne celui de discussion.

Supposons que la cession d'actions ne puisse plus être utilement faite par la propre faute du créancier, parce que, par exemple, il aura fait un pacte *de non petendo* avec l'un des débiteurs ; pourra-t-il être repoussé par le débiteur qu'il actionne ? La question est discutée, mais je crois avec M. Demangeat qu'il faut admettre l'affirmative ; la bonne foi avait établi des rapports réciproques entre les parties, l'une les violant, l'autre se trouve par là même libérée. C'est ce que décident les jurisconsultes romains à l'égard de l'ex-pupille, qui devenu pubère, ayant libéré un de ses tuteurs, attaque l'autre ; ils donnent la même décision à l'égard de deux magistrats dont l'un sera poursuivi par la République (1). Ceci ne serait plus vrai absolument des *correi*. Papinien donne la même solution à l'égard du *mandator pecuniæ credendæ : si creditor a debitore culpa sua causa ceciderit, prope est ut actione mandati nihil a mandatore consequi debeat, cum ipsius vitio acciderit ne mandatori possit*

(1) L. 45, D., *de peric. et administ. tut.*

actionibus cedere. Le tuteur a droit à la cession d'actions contre ses cotuteurs quand il a été seul condamné, à défaut il jouit d'une action utile (1). Le créancier hypothécaire doit céder au créancier plus éloigné, ou au tiers détenteur qui le désintéresse, les actions qui résultent des garanties attachées à sa créance. Si le créancier dont l'hypothèque s'étend à deux fonds ne poursuit qu'un des détenteurs de ces fonds, celui-ci, en le payant, peut exiger de lui la cession de son droit d'hypothèque sur l'autre fonds (2). Le droit d'obtenir la cession d'hypothèque appartient-il à tous les possesseurs sans distinguer s'ils sont de bonne ou de mauvaise foi ? Bartole et Neguzantius le pensent, mais tout autre est l'avis de Cujas qu'il faut suivre ici. Notre illustre romaniste se fonde sur les termes mêmes de la loi 19, *qui pot. in pign.* (3), où l'on nous parle non pas d'un possesseur quelconque mais d'un *justus possessor*. Voici, à cet égard, comment s'exprime le président Favre : *Qua enim fronte cessionis beneficium quod juris est, implorare audeat qui contra jus possidet* (4) ?

Jusqu'à présent nous ne nous sommes occupé que du cas où un débiteur exige de son créancier les actions inutiles à celui-ci, mais qui peuvent lui être d'un grand secours ; le contraire peut avoir lieu, le débiteur peut faire cession d'actions au créancier, moyennant quoi il sera libéré ; en pareil cas, le créancier, loin de faire une

---

(1) L. 95, § 11, D., *de solut.* L. 2, D., *de contr. jud. tutel.*

(2) L. 19, D., *qui potiores in pign.*

(3) Cujas, lib. XI, *observ.*, c. XXXV, Cpr., L. 12, § 1, D., *quibus modis pig.* Cette loi prévoit un cas où il ne s'agit pas de cession.

(4) *Cod. sabaud.*, tit. XI, *def.* 3.

cession comme tout à l'heure, en subit une. Ainsi quand j'ai légué une créance de 100 que j'avais sur un tiers, mon héritier ne sera pas obligé de payer 100 au légataire, il sera quitte en lui faisant la cession de l'action (1).

Celui qui est tenu d'une action noxale, lorsque le *corpus noxium* ne peut plus être livré par le fait d'un tiers quand bien même ce serait après la *litis contestatio*, se soustrait à toute responsabilité en cédant l'action qui lui compète contre le tiers (2).

Le vendeur doit céder les actions lorsqu'il ne répond pas de l'événement, par exemple, du vol ou du *damnum injuria datum*.

Quand le vendeur répond de l'événement, parce qu'au moment même de la vente la chose était en mains tierces, il n'a nullement besoin de céder l'action, étant dans tous les cas soumis à payer l'estimation de la chose, il sera toujours en perte. La règle *ubi emolumentum ibi onus esse debet* ne peut avoir d'application comme quand il n'a aucune estimation à payer, alors tant mieux pour l'acheteur si l'action qu'on lui cède lui procure quelque utilité, tant pis pour lui si elle ne lui en procure aucune (3).

---

(1) L. 75, § 2, *de legatis* I°, D.
(2) L. 1, § 16, D., *si quadrup. pauper. fecis. dicat.*
(3) L. 21, *in fine*, D., *de hered. vel. act. vend.*

CHAPITRE CINQUIÈME.

Effets de la cession.

La cession produit deux espèces d'actions, les unes utiles, les autres directes. Celles-ci n'existent que quand le cessionnaire a été constitué *procurator in rem suam*, elles ne peuvent lui appartenir que du chef du cédant, parce que, comme le dit la Glose, elles sont attachées à la personne du *dominus* d'une manière aussi intime que l'âme et le corps. Les actions utiles au contraire appartiennent au cessionnaire de son propre chef, elles lui ont été accordées par la loi toutes les fois qu'une juste cause de transmission intervenait. Quelques auteurs veulent en outre qu'il y ait une quasi-tradition, mais Doneau avec raison repousse cette opinion qui ne se justifie pas (1). Il ne peut ici être question ni de tradition, cela est évident, ni de quasi-tradition, car il faudrait pour cela faire intervenir le débiteur *cujus nullæ sunt partes in hac cessione*. Quand le cessionnaire n'a pas été constitué *procurator in rem suam*, il ne jouit que des actions utiles; la tradition, si elle était possible, transférerait les actions directes, ce dont on ne manquerait pas de nous parler dans les textes. *Traditionibus et usucapionibus non nudis pactis dominia rerum transferuntur*. L. 20 C. *de pactis*. Les constitutions impériales ont d'abord accordé l'action utile à l'acheteur d'une hérédité

(1) *Comment. de droit civil*, liv. XV, ch. XLIV.

en décidant que l'action du vendeur pourrait être repoussée par le débiteur héréditaire au moyen d'une exception de dol ; ensuite on l'a étendue au légataire, à l'acheteur de la créance, à celui qui reçoit une créance en paiement ; mais on ne l'étendit pas, paraît-il, à la donation, puisque Justinien, pour arriver à ce résultat, rendit une constitution (1).

C'est par erreur que le président Favre a soutenu que le cessionnaire, auquel on avait donné mandat d'exercer l'action directe, ne pouvait recourir à l'action utile que quand il ne pouvait plus exercer l'action directe (2). En effet la loi 55 D. *de procurat*. nous dit que le *procurator in rem suam* a l'action utile, quand il n'est pas douteux qu'il ait l'action directe ; la loi 1 C. *de oblig. et action*. n'est pas contraire à notre opinion, quand elle nous dit qu'une fois le mandant mort sans laisser d'héritier, comme il n'y a plus place pour l'action directe, il faut recourir à l'action utile, cela ne veut nullement dire que cette dernière prenne naissance à ce moment, mais qu'il faut y recourir en l'absence de l'action directe.

L'action utile peut être plus avantageuse que l'action directe. En effet, quand le cédant vient à mourir sans laisser d'héritiers, avant la *litis contestatio*, l'action directe s'évanouit à la différence de l'action utile (3).

En cas de concours du cédant et du cessionnaire, la loi 55, D. *de procur*. nous apprend qu'on préfère le ces-

(1) L. 33, C., *de donat.*
(2) L. 12, *conjectur.*, c. 2 et 0.
(3) L. 1, C., *de oblig. et act.*

sionnaire qui intente l'action utile : *qui enim suo nomine utiles actiones habet, rite eas intendit.*

Quand on cède une action, on cède non-seulement cette action, mais encore toutes celles qui s'y rattachent accessoirement comme l'action résultant de la fidéjussion, comme celle résultant de l'hypothèque. (Loi 6, C. *de obl. et act.*) L'action principale cédée, l'action accessoire ne l'est que si elle existait au moment de la cession, à moins qu'on n'insère une clause par laquelle le cédant s'oblige à céder les actions qu'il a ou pourra acquérir relativement à l'objet cédé.

Celui qui restitue une hérédité, en vertu du sénatusconsulte Trébellien, peut avoir acquis de son propre chef une action accessoire se rattachant à une action héréditaire, et qui ne se trouve pas pour cela comprise dans la restitution par la force de la loi, il devra la céder comme ne lui étant d'aucune utilité; s'il s'y refuse, le préteur ne lui permettra pas de l'exercer, et en accordera l'exercice au fidéicommissaire, non pas d'après l'édit, mais d'après un décret qu'il rendra en connaissance de cause.

La vente d'une action ou d'une hérédité ne donne pas lieu, de la part du cédant, à une garantie autre que celle de l'existence de l'objet cédé; il doit garantir *nomen verum*, mais non pas *nomen bonum;* cependant, si l'action était paralysée par une exception perpétuelle, le vendeur se trouverait soumis à la garantie (1). Le créancier ne se trouve astreint à garantir *bonitatem no-*

---

(1) L. 4, D., *de hered. vel act. vend.*

minis que dans deux cas : 1° en cas de dol ; 2° en cas de convention formelle.

La créance cédée peut, en apparence, se trouver garantie par un gage, une fidéjussion ou une hypothèque. Dans quelle mesure le vendeur sera-t-il garant envers l'acheteur ? Voici comment s'exprime la loi 30, D. *de pignoribus : Periculum pignorum nominis venditi ad emptorem pertinet si tamen probetur eas res obligatas fuisse. Periculum* ne saurait s'appliquer aux causes de perte postérieures au contrat, car on aurait dit quelque chose d'inutile. On ne peut l'entendre que de causes antérieures qui seront, ou l'insuffisance du gage au moment où est intervenue la convention, ou le danger de l'inexistence de la garantie, qui se manifestera par une éviction.

Des interprètes ont regardé le mot *periculum* comme s'appliquant aux causes de perte antérieures et postérieures. Le vendeur serait bien garant si l'hypothèque n'avait pas été constituée ; mais il ne le serait pas si elle l'avait été par un non propriétaire. Cette opinion est enseignée par Cujas, qui se fonde sur la loi 68, § 1, *de evict. et stip.* Pour nous, suivant en cela l'opinion de M. Labbé, dans sa savante monographie sur *la garantie*, nos 23 et suiv., nous pensons que la vente d'une créance par le créancier, sans qu'il ait indiqué et spécifié les garanties, ne s'étend qu'à l'existence de la créance. S'il a au contraire spécifié les accessoires garantissant la créance, le vendeur devra garantir deux actions : l'une contre le débiteur principal, l'autre contre le débiteur accessoire. La garantie, en ce qui concerne les deux actions, est de même nature ; elle ne s'étend qu'à leur existence, à moins de convention contraire. Il faudra que la fidéjussion ou l'hypothèque ait été valablement consentie, peu importe leur efficacité en fait. — Suivant notre opinion, nous entendrons, dans la loi 30, le mot *periculum* comme se rapportant à l'insuffisance de la valeur du gage.

En cas de cession nécessaire, le créancier qui fait la cession ne serait pas soumis aux règles que nous venons d'étudier, car il cède son droit tel qu'il l'a, et s'il ne le cédait pas, il serait repoussé par une exception (1).

Les priviléges du cédant passent-ils au cessionnaire? Cette question est difficile et demande des distinctions; il est au surplus difficile de poser une règle rationnelle, a dit M. Maynz (*Eléments de droit romain*, des effets de la cession), dans une matière aussi peu rationnelle que celle des priviléges. Lauterbach qualifie cette question de *dubiam, difficilem, venenosam, a qua tanquam a vipera sit abstinendum.*

Il faut distinguer les priviléges personnels, les priviléges réels et les privilèges de procédure.

Pour ces derniers, on est à peu près d'accord qu'ils ne passent pas au cessionnaire. La distinction que nous admettons se trouve dans la loi 196 D. *de regulis juris: Privilegia quædam causæ sunt, quædam personæ et ideo quædam ad heredem transmittuntur quæ causæ sunt; quæ personæ sunt ad heredem non transeunt.* Nous appliquerons cette distinction relative aux héritiers, au ces-

(1) L. 17, D., *de fid. et mandat.* L. 10, D., *qui potiores in pignore.* A. Faber, lib. VIII, tit. XXXII, *def.* 2. Il en serait autrement si la cession pouvait être exigée en vertu d'une action *bonæ fidei.* L. 98 § 11, D., *de solut.*

sionnaire, bien que nous ayons repoussé la transmissibilité aux héritiers comme *critérium* de la cessibilité ; ce qui nous autorise à le décider ainsi, c'est la loi 68 *de reg. juris* où l'on nous dit en parlant des priviléges : *nam ubi personæ conditio locum facit beneficio, ibi deficiente persona, deficit quoque beneficium.* Au nombre de ces priviléges, nous rangerons ceux du pupille, de la femme mariée, de la cité et du fisc. Relativement à ce dernier privilége qui consistait dans le droit pour le fisc de pouvoir exiger des intérêts en l'absence de toute stipulation et qu'on nommait *privilegium exigendi*, il y a quelque difficulté résultant de la loi 43 *de usuris* ainsi conçue : *Ejus temporis quod cessit, postquam fiscus debitum percepit, eum qui mandatis a fisco actionibus experitur, usuras quæ in stipulatum deductæ non sunt petere posse.* Cette loi n'offre aucune difficulté pour ceux qui admettent, et c'est l'opinion qu'il faut suivre, qu'elle ne s'occupe que des intérêts échus qui sont devenus un accessoire de la créance et doivent en conséquence passer au cessionnaire. Pour ceux qui admettent qu'elle s'occupe des intérêts d'une manière générale dans le passé comme dans l'avenir, la difficulté peut se lever d'une autre manière. On peut très-bien admettre qu'il y a ici une négation qui manque ; cette correction proposée par Cujas n'a rien d'arbitraire, car dans le passage correspondant des Basiliques nous trouvons ces mots : *petere non posse.*

En ce qui concerne la question de savoir quelle est la mesure dans laquelle les priviléges passent au cessionnaire, nous n'avons tenu aucun compte de la distinction entre le cas où le cessionnaire agit par l'action directe et celui où n'ayant pas reçu mandat d'exercer l'action directe, il ne peut exercer que l'action utile. Dans le premier cas, certains docteurs voulaient que le cessionnaire pût opposer les priviléges personnels au cédant, dans le deuxième, au contraire, ils voulaient qu'il ne pût les exercer parce qu'il agissait en son nom propre. Tout cela est mauvais, car l'effet de l'action directe est le même que celui de l'action utile, nous avons un texte qui le dit formellement (1) : *Nec refert directa quis an utili actione agat vel conveniatur quia in extraordinariis judiciis ubi conceptio formularum non observatur hæc subtilitas supervacua est, maxime quum utraque actio ejusdem potestatis est eumdemque habet effectum.*

Nous avons à nous demander maintenant si le cessionnaire peut invoquer contre le débiteur cédé des exceptions qui ont pris naissance dans sa personne. La négative doit être admise sans hésitation ; la distinction précitée entre l'action directe et l'action utile a été aussi présentée ici, mais il n'y a pas davantage lieu de l'admettre. Ceux qui admettent l'affirmative d'une manière générale s'appuient sur ce qu'à leur avis le cessionnaire est exactement dans la même situation que le cédant ; mais là est l'erreur, le cédant demeure toujours créancier par rapport au débiteur, ce que le cessionnaire peut tout au plus faire, c'est invoquer le droit du cédant tel qu'il résidait en sa personne, la cession ne pouvant avoir pour résultat d'empirer la situation du débiteur. C'est à tort qu'on a soutenu le contraire pour le fisc parce que la loi 6. D. *de jure fisci* sur laquelle on s'appuie, fait allusion

(1) L. 47, D., *neg. gest.*

à un cas de succession, *fiscus cum in privati jus succedit*, à un cas par conséquent où l'action qu'il exerce a pris naissance dans sa personne. Le débiteur cédé peut opposer au cessionnaire les exceptions qui ont pris naissance dans sa personne, bien qu'elles soient étrangères au cédant (1). Cette règle paraît au premier abord contraire aux principes, puisque le cessionnaire agit comme mandataire du cédant ; mais il ne faut pas oublier qu'il est *procurator in rem suam*, or, comme le résultat final de l'opération doit tourner à son profit, il est juste que les exceptions qui sont opposables à sa personne en général le soient contre lui envisagé comme cessionnaire.

Les exceptions opposables au cédant le sont-elles au cessionnaire ? Il faut répondre affirmativement, parce que la cession ne peut avoir aucun effet préjudiciable au débiteur cédé, pour lequel elle est *res inter alios acta*, aussi n'exige-t-on pas son consentement à l'opération. Le cédant doit *præstare nomen verum*, et non pas *nomen bonum*; mais si l'exception était perpétuelle, on pourrait considérer la créance comme inexistante (2). Si l'exception perpétuelle donne lieu à la garantie, c'est donc que le débiteur cédé peut l'invoquer à l'encontre du cessionnaire.

Si le débiteur peut se prévaloir à l'encontre du cessionnaire de toutes les exceptions dont il aurait pu se prévaloir contre le cédant, il ne peut pas se prévaloir des exceptions qui prennent naissance après un des faits

---

(1) L. 4, § 18, D., *de doli mali et metus caus. except.*
(2) LL. 4 et 5, D., *de her. vel act. vend.*

mettant obstacle au paiement entre les mains du cédant, tels qu'un paiement partiel fait au cessionnaire, que la *denuntiatio* faite par lui, ou que la *litis contestatio* (1), car ces événements empêchent que le cédant, prenant les devants, puisse exiger paiement du débiteur en compromettant les droits du cessionnaire. — A notre avis même, la simple connaissance acquise d'une manière quelconque par le débiteur de la cession l'empêche de se libérer en payant entre les mains du cédant; elle aurait en conséquence pour effet de rendre les exceptions du chef du cédant non opposables au cessionnaire, à compter de cette époque.

Il y a des difficultés relatives à quelques exceptions. Ainsi quand j'ai consenti un pacte *de non petendo* personnel à mon débiteur, me réservant de poursuivre ses héritiers, le débiteur pourra-t-il opposer au cessionnaire de ma créance l'exception tirée du pacte? Oui, parce que sans cela le cédant n'aurait pour détruire l'effet du pacte consenti qu'à céder son action, et il manquerait impudemment à la foi donnée.

On a contesté au débiteur cédé le droit d'opposer au cessionnaire l'exception de dol du chef du cédant, mais je crois que c'est à tort. On s'est fondé sur des textes applicables (2) au transport des droits réels. Le dol de l'aliénateur n'est pas opposable à l'acquéreur, rien de plus juste; du moment qu'il est propriétaire, il trans-

(1) L. 3, C., *de novat.*
(2) L. 4, §§ 27 et 28, D., *de doli mali et met. causa. except.*

met la propriété, peu importe son dol, ce n'est qu'une obligation personnelle qui le concerne, sans affecter la chose en aucune façon. Les lois romaines avaient fait deux exceptions : le dol pouvait être opposé à l'acquéreur quand il invoquait la possession de son auteur, et quand il était acquéreur à titre gratuit. Dans l'opinion contraire à la nôtre, on a étendu ces deux exceptions à la cession de créances. — Au surplus, l'extension donnée aux textes relatifs au transport de la propriété et des droits réels n'était pas justifiée par les principes. Comme nous le disions tout à l'heure, quand on est devenu propriétaire par dol, on est un véritable propriétaire, on peut se comporter comme tel et par conséquent céder un droit pur de tout vice sauf l'obligation personnelle résultant du dol et qui continue à peser sur l'auteur du dol ; quand il s'agit au contraire d'un rapport personnel qui se trouve entaché d'un vice, le cessionnaire n'agissant pas en vertu d'un droit qui lui soit propre et qui ait pris naissance en sa personne, le rapport doit demeurer vicié à son égard, comme il le serait à l'égard du cédant, si celui-ci faisait valoir son droit lui-même.

Quant à l'exception de compensation, elle est opposable au cessionnaire du chef du cédant, si elle se produit avant l'époque où le débiteur perd le droit de se libérer par un paiement entre les mains du cédant. Aussi dans cette mesure, le cessionnaire est-il obligé de répondre aux demandes reconventionnelles formées contre le cédant. Quelquefois la compensation et la possibilité de former une demande reconventionnelle peuvent s'étendre à toutes les dettes du cédant envers le débiteur cédé, même celles postérieures à l'époque où il a perdu le droit de se libérer entre les mains du cédant (1). Ceci aura lieu quand la cession aura été faite avec dol, dans le but de rendre la compensation impossible. En cas de cession nécessaire, le résultat inverse se produit, la compensation et la possibilité de former une demande reconventionnelle sont impossibles, même pour les dettes antérieures à l'époque dont nous venons de parler (2). Ceci résulte clairement d'un texte : *si quis in rem suam procurator interveniat adhuc erit dicendum debere eum defendere, nisi forte ex necessitate fuerit factus.* — De même d'après la loi 34 *eod. titul.* quand une hérédité a été vendue de bonne foi, la créance cédée s'y trouvant comprise, le débiteur cédé ne peut opposer la compensation que des dettes héréditaires et non pas de celles personnelles à l'héritier.

L'exception qu'on désigne sous le nom de bénéfice de compétence a cela de particulier, qu'elle modifie non plus *l'intentio* de la formule, mais la *condemnatio ;* or, comme celle-ci est conçue au nom du cessionnaire, on a pu en conclure avec une apparence de raison qu'elle ne pouvait lui être opposée qu'autant qu'il se trouvait dans un de ces rapports qui y donnent lieu, tels que celui d'époux, celui de parent à enfant, celui d'associé, celui de donateur à donataire. Cette conclusion n'en est pas moins erronée ; nous avons ici une exception qui n'a pas trait seulement à la procédure, mais qui touche au

---

(1) L. 34, D., *de procurat.*
(2) L. 33. § 5, D., *de procurat.*

fond du droit, puisqu'elle diminue la créance. Le bénéfice de compétence repose sur des considérations de morale, il suffirait d'aliéner la créance pour s'y soustraire ; or, ce résultat contrarierait le but que la loi a voulu atteindre en l'établissant. Ce bénéfice n'est pas opposable au délégataire, la loi a bien soin de nous le dire (1) ; c'est donc qu'il y a là une différence avec la cession ; on comprend du reste qu'on fasse la situation du délégataire préférable à raison du consentement que le délégué a donné à l'opération, mais ici nous n'avons rien de semblable. L'esprit de spéculation qui anime presque toujours les acheteurs de créances ne se rencontre pas dans le délégataire qui ne cherche qu'à rentrer dans ce qui lui est dû.

Il va de soi qu'à toutes les exceptions que le débiteur opposera au cessionnaire, soit du chef du cédant, soit de celui du cessionnaire, celui-ci pourra répondre par des répliques provenant du même chef. Si on lui oppose l'exception résultant du pacte *de non petendo* consenti par son auteur, il répondra par cette replique *si non postea convenerit ut eam pecuniam petere liceret.*

Les effets de la cession nécessaire sont en général les mêmes que ceux de la cession volontaire, sauf quelques différences. Nous venons d'en signaler une en ce qui concerne les demandes reconventionnelles (2), nous pouvons en citer encore deux autres. La première, c'est qu'il n'y a pas lieu d'appliquer les restrictions introduites

(1) L. 41, pr., D., *de re judic.*
(2) L. 33, § 5, D., *de procur.*

par Anastase et par Justinien, à l'effet de réprimer l'esprit de spéculation qui animait les acheteurs de créances. La seconde c'est que le cédant n'est pas garant de la non-existence de la créance ou de l'exception qui permet d'écarter l'action. Il faut cependant faire une distinction : si la cession nécessaire résulte de la loi, les actions seront cédées telles qu'elles sont, alors peu importera leur inefficacité pourvu qu'il n'y ait pas dol; si la cession repose sur un contrat de bonne foi comme le *mandatum pecuniæ credendæ*, alors celui qui a fourni l'argent sera responsable envers le mandant, si c'est par sa faute qu'il a succombé vis-à-vis du débiteur (1).

CHAPITRE SIXIÈME.

Réformes opérées par Anastase et par Justinien.

La possibilité de céder les créances avait donné lieu dans le Bas-Empire à de graves et de nombreux abus de la part des courtiers et des agents d'affaires qui spéculaient sur cette partie de la richesse publique. Ce fut le motif des restrictions apportées par Anastase et par Justinien à la cession dans les lois **22** et **23** C. *mandati* qui sont devenues célèbres sous les noms de lois *Per diversas* et *Ab Anastasio*.

Certains spéculateurs *alienis rebus fortunisque inhiantes* achetaient des créances douteuses le plus bas prix possible et poussés par l'amour du lucre cherchaient à en

(1) L. 95, § 11, D., *de solut.* L. 31, pr., *de act. empti.*

retirer le plus haut prix possible au détriment des débiteurs, qu'ils accablaient de leurs vexations. Dans le droit du Bas-Empire pour que la cession soit valable, il faut qu'elle satisfasse à de nouvelles conditions. Si elle est à titre gratuit, elle vaudra d'une manière absolue ; si elle est à titre onéreux, elle ne vaudra que dans la limite des déboursés du cessionnaire, ce qui comprendra le prix et les intérêts du prix. Cette différence se justifie parfaitement, parce qu'au premier cas on n'a rien à redouter de l'esprit de chicane, le cessionnaire qui a reçu un pur bienfait ne se montrera pas exigeant dans le recouvrement de la créance. Quand la cession est à titre onéreux, au delà du prix payé par le cessionnaire, le débiteur se trouvera libéré ; c'est bien ce qui résulte de l'esprit de la loi, l'empereur ayant voulu avant tout porter secours aux débiteurs, comme il le dit lui-même au *principium* de la loi *Ab Anatasio*. Justinien a étendu cette disposition qui ne s'appliquait qu'aux cessions à titre onéreux aux cessions faites à titre onéreux et à titre gratuit pour partie ; on avait trouvé, pour tourner la loi, le moyen de faire cession à titre onéreux de sa créance jusqu'à concurrence du montant des déboursés et pour le surplus d'en faire donation au cessionnaire. La loi d'Anastase se trouvait dès lors sans application, car qui s'avisera jamais d'acheter une créance pour ne rentrer que dans ses déboursés et outre les ennuis du recouvrement pour courir les chances d'insolvabilité du débiteur ; aussi, abstraction faite de l'expédient imaginé, Cujas, nous dit-il, en parlant de cette loi : *Mirum in modum cessiones nominum coercet, vix enim ullus est qui ea redimat eodem pretio quo constant.*

Jusqu'à concurrence du montant des déboursés, la cession est valable, pour le surplus la créance est éteinte et cela à l'avantage du débiteur, si bien qu'il ne subsiste même pas à sa charge une obligation naturelle, du moins à notre avis, suivant en cela l'opinion de M. Machelard (1). « Nous pensons, dit le savant professeur, comme M. de Wangerow, qu'il ne subsiste pas une obligation naturelle capable de produire quelques effets à l'aide de l'intervention de la justice. Le débiteur n'a plus à craindre que le créancier puisse en aucune occasion se prévaloir judiciairement d'un droit de créance pour l'excédant, sauf pour le débiteur, bien entendu, la faculté de reconnaître en réalité plus qu'il n'a payé et de s'acquitter du surplus. On doit en effet approuver l'observation de Pothier (*Traité de la vente n° 598*), quand il déclare que « le débiteur est tenu dans le for de la conscience du surplus de la somme due quand il sait devoir. » Des auteurs ont voulu soutenir que l'extinction qui se produit au profit du débiteur ne concernait que le cas de vente déguisée de la loi *Ab Anastasio*; c'est là une erreur, car Justinien ne fait de cette loi que le complément de la précédente, qu'il vient défendre contre l'esprit de spéculation qui cherchait à l'éluder; il s'agit ici d'une véritable vente qui n'est donation en partie qu'en la forme seulement. Quand y aura-t-il simulation? C'est là un point sur lequel ces auteurs se sont divisés; on arrive ainsi, en voulant restreindre la portée de la loi, à tomber dans

---

(1) *Obligations naturelles*, p. 517 et suiv.

l'arbitraire; on a dit qu'il y avait donation déguisée, quand le prix était vil, mais quand le prix est-il vil? On ne fait en raisonnant ainsi que reculer la difficulté.

Anastase cependant, à la règle sévère qu'il édictait sur la cession de créances, a fait des exceptions, elles sont au nombre de quatre ; la difficulté consiste à savoir si ces cas ont été fixés limitativement ou donnés *exempli gratia*. Il faut s'en tenir à cette seconde idée, et il n'y a à cela aucune témérité, cela résulte des motifs donnés par Justinien ; *nulla etenim ratione intercedente*, dit l'Empereur, *magis est ut qui actionem accipit, redemptor intelligatur*. Voici les quatre cas dont s'occupe Anastase et qui sont exclusifs de toute idée de spéculation : 1° la cession entre cohéritiers ; 2° la dation en paiement d'une créance; le débiteur donne en paiement à son créancier une chose que celui-ci n'est nullement obligé d'accepter, il lui donnera pour le payer de 100 une créance de 120, car il est à sa discrétion ; il est fort juste au surplus que le créancier soit dédommagé des ennuis et des démarches que lui causera le recouvrement de la créance; 3° la cession faite à un possesseur à l'effet de consolider sa possession, ceci arrivera quand il achetera les droits d'un créancier qui prime celui qui peut l'évincer ; 4° la cession faite aux légataires et fidéicommissaires en délivrance des droits qui leur appartiennent.

Nous avons dit qu'il faudrait étendre les exceptions, dont parle Anastase, aux autres cas où la cession est nécessaire. Ceci aura lieu quand le fidéjusseur paie le créancier en partie, et quand celui-ci le tient quitte et lui cède ses actions. Il faudrait en dire autant quand un créancier revendique son gage entre les mains d'un possesseur qui, moyennant une somme inférieure au montant de sa créance, obtient la cession des droits du créancier.

Justinien a révoqué toutes ces exceptions introduites par Anastase dans une constitution, que Cujas a retrouvée aux Basiliques, et qui est insérée au Code au titre *Mandati* comme loi 24. Dans le dernier état du droit, c'est une règle générale que dans toute cession à titre onéreux on ne peut agir que dans la limite de ses déboursés.

Le vice de la loi d'Anastase consistait à assimiler à une créance litigieuse toute créance achetée pour un prix inférieur à son montant nominal. Le Code Napoléon a abandonné avec raison les dispositions du droit romain ; dans l'ancien droit on controversait le point de savoir si elles étaient ou non en vigueur. Le résultat de toutes ces prohibitions était de rendre le commerce des créances impossible et de nuire avant tout au créancier, qui ne pouvait plus trouver de cessionnaire à des conditions aussi désastreuses. Le Code n'a maintenu la loi d'Anastase que quand la créance est véritablement litigieuse, alors le créancier, en remboursant le cessionnaire de ses déboursés, peut se soustraire à toute action.

À qui incombe-t-il de prouver que le cessionnaire a réellement payé tel prix au créancier? Si c'est au débiteur, nous sommes dans les termes du droit commun, sinon nous avons une dérogation analogue à l'exception *non numeratæ pecuniæ*. C'est à ce dernier parti qu'il faut, je crois, s'en tenir. Les textes viennent limiter l'action du cessionnaire au prix payé *usque ad ipsam tantummodo solutarum pecuniarum quantitatem et usurarum ejus ;* le prix payé, voilà ce à quoi peut prétendre le cessionnaire ; or, comme tout demandeur doit prouver sa prétention, ce sera au cessionnaire à faire la preuve, mais comme la loi n'a apporté aucune restriction quant au mode de preuve, il la fera par tous les moyens possibles.

DROIT FRANÇAIS.

DU TITRE A ORDRE

ET DES CONSÉQUENCES QUI S'Y RATTACHENT.

La clause à ordre usitée dans les titres commerciaux est une de celles qui, simples en apparence, produisent néanmoins les effets les plus divers et les plus nombreux. Elle peut être étudiée à un point de vue général et isolément des divers titres, dans lesquels on la rencontre habituellement. Elle peut au contraire être étudiée dans chacun des titres où nous la trouvons en pratique. Nous avons suivi en principe le second de ces deux points de vue : nous avons considéré les lettres de change et les billets à ordre comme constituant le type le plus accompli du titre à ordre, et nous avons recherché les diverses conséquences qui en résultaient. Cette partie peut être considérée comme la partie générale de notre travail, quand cependant nous avons rencontré des conséquences spéciales à ces deux titres, nous avons eu soin d'en faire mention. Dans une seconde partie, nous avons recherché dans les autres titres les conséquences spéciales de la clause à ordre en raison de leur nature ; nous ne nous sommes occupé à nouveau des conséquences générales étudiées dans la première partie, qu'autant qu'il s'était élevé des doutes sur leur application à ces titres spéciaux. Il nous sera ainsi permis de mettre en relief la doctrine générale des arrêts sur chacun des titres revêtus de la clause à ordre. Deux chapitres formeront donc l'ensemble de notre travail. Le premier, relatif aux lettres de change et aux billets à ordre, comprendra sept sections où l'on s'occupera des matières suivantes :

1° Généralités sur l'endossement ;

2° Conditions requises pour l'endossement régulier ;

3° Effets de l'endossement régulier ;

4° Endossement irrégulier ;

5° Endossement en blanc ;

6° Endossement de garantie ;

7° Conséquences diverses autres que l'endossement résultant de la clause à ordre.

L'endossement étant la conséquence capitale de la clause à ordre nous occupera beaucoup plus que toutes les autres qui, groupées dans une seule section, formeront l'objet de développements relativement peu étendus.

Le second chapitre comprendra les titres spéciaux où se rencontrent habituellement la clause à ordre ; les chèques, les warrants et récépissés, les connaissements, les billets de grosse, les polices d'assurances, les lettres de voiture feront l'objet de six sections; dans une septième nous dirons quelques mots de divers autres titres, les bons du trésor, l'obligation à ordre, les bons du Mont-de-Piété et les actions dans les compagnies industrielles et commerciales.

CHAPITRE PREMIER.

Des conséquences de la clause à ordre dans les lettres de change et les billets à ordre.

SECTION PREMIÈRE.

Généralités sur l'endossement.

Quand un individu porteur d'un effet de commerce payable au premier avril prochain a besoin de suite d'argent, pour le moment, c'est comme s'il n'avait rien, à moins qu'un expédient ne vienne lui permettre de se faire payer immédiatement ; ce moyen sera la cession, il cédera sa créance recouvrable en avril à Paul son banquier et celui-ci, moyennant une légère retenue, lui comptera le montant de sa créance. Des cas de ce genre, dans la pratique, on le conçoit facilement, seront fréquents. Aussi se trouverait-on gêné si, pour sortir d'embarras, il fallait avoir recours aux formalités de l'art. 1690 C. N., qui prescrit l'intervention d'un officier public, soit pour la signification à faire au débiteur, soit pour authentiquer l'acceptation qu'il fera de la cession. Rien de tout cela ne sera nécessaire, il suffira d'une simple mention au dos du titre conçue en ces termes :

« *Paris, le* 25 *novembre* 1869.

» *Payez à Paul ou à son ordre, valeur reçue comptant.* »

Et puis le porteur apposera sa signature.

De l'habitude d'écrire cette mention au dos du titre est venu le nom d'endossement, c'est une cession bien propre au commerce, car elle évite les frais, les lenteurs ; mais elle n'est pas exclusivement commerciale, car elle n'est que le résultat de la clause à ordre, laquelle, comme nous le verrons, peut très-bien se trouver sur un titre civil : sur ce point du reste nous n'avançons rien de bien douteux, nous ne faisons que généraliser ce que la loi décide à propos du billet à ordre qu'elle reconnaît constituer une obligation civile quand il n'a pas de cause commerciale. On a voulu quelquefois rattacher la possibilité de l'endossement à la nature commerciale du titre; mais c'est là une erreur dont on ne trouve plus guères de trace dans la doctrine moderne. La jurisprudence est depuis longtemps fixée en ce sens; nous trouvons un arrêt du 18 janvier 1825 de la cour de cassation qui décide relativement à des billets à ordre qui n'énonçaient pas la valeur fournie et qu'un endossement régulier avait fait parvenir entre les mains d'un tiers, qu'il n'y a pas lieu de s'inquiéter si les billets dont il s'agit peuvent n'être réputés que de simples promesses puisque le souscripteur, en les souscrivant à l'ordre du bénéficiaire, a consenti et qu'aucune loi ne lui a défendu de consentir à ce que le bénéficiaire les transférat par la voie de l'ordre et a par conséquent pris l'engagement d'en payer la valeur à celui auquel ils auraient été transmis. Cette décision se trouve dans un autre arrêt de la Cour suprême du 28 novembre 1821, conçu en ces termes : « Attendu qu'il résulte de la discussion qui a eu lieu au Corps législatif, lors de la présentation du Code de commerce, qu'à l'appui de motifs d'utilité publique, on a admis en principe : 1° que tout particulier pouvait créer des billets à ordre quoiqu'il ne fût pas négociant et que la cause du billet ne fût pas commerciale ; 2° que la propriété de cette espèce de billets pouvait être transmise par la voie de l'ordre et sans que le cessionnaire fût tenu de notifier la cession au débiteur. » Il est certain qu'une lettre de change peut avoir lieu par devant notaire, elle devra même y être passée nécessairement, si elle contient constitution d'hypothèque. En pareil cas, un simple endossement suffira pour en transférer la propriété ; on n'aura nul besoin de recourir à la forme de la cession ordinaire, parce que l'endossement est la conséquence de la clause à ordre. Il faudrait en dire autant de toute obligation notariée revêtue de cette clause. (V, Lyon, 4 juin 1830; Grenoble 17 novembre 1836.) Il existe néanmoins des décisions contraires des mêmes cours (1). Quand l'obligation à ordre sera purement civile, elle ne devra pas pour cela être soumise à toutes les règles concernant les effets de commerce, elle ne sera soumise qu'aux conséquences qui dérivent de la clause à ordre et qui font l'objet de cette étude : ainsi l'endosseur sera bien garant de la non-existence de la créance, mais il ne le sera pas de la solvabilité du débiteur, (Lyon 26

---

(1) *Jurisprudence du XIX*e *siècle,* de Dev. et Gilb. V° *Oblig. à ordre.*

août 1818); de même, les règles prescrites par le code en cas de perte de la lettre de change seront sans application; le cessionnaire aura toujours droit au paiement, pourvu qu'il justifie de sa propriété par tous les moyens possibles. (Cass. 13 mars 1828.) En droit commercial la clause à ordre est très-fréquente, tandisqu'en droit civil c'est l'inverse qui a lieu. Cela se comprend. Dans le premier cas, il faut que la créance soit cessible promptement et sans frais, on a besoin d'argent souvent à l'improviste : aussi, dans l'espèce précitée, le banquier qui a escompté le titre payable au 1er avril, ne le gardera-t-il peut-être pas lui-même jusqu'à l'échéance, il pourra l'endosser à son tour et ainsi de suite *in infinitum.*

En droit civil la clause à ordre est rare, car la cession d'une telle créance est une exception ; on pourrait même presque dire que c'est un accident, aussi les formalités de l'art. 1690, en raison de cette rareté, ne présentent-elles que peu d'inconvénients.

La théorie de l'endossement, au fond, se trouve dans le code civil, sauf deux restrictions secondaires. Supposons que le tiré ait accepté l'effet quand le porteur l'endosse, celui-ci transmet une véritable créance conformément au droit civil, car, par cela seul que le titre accepté est revêtu de la clause à ordre, le tiré a accepté toutes les cessions qui pourraient avoir lieu par la suite. Nous avons dit que cette conformité au droit civil n'existait que sauf deux restrictions, les voici : 1° le tiré a accepté sous seing privé, au lieu d'accepter par acte authentique ; 2° il a accepté avant la cession au lieu d'accepter après.

L'endossement et la cession ordinaire se distinguent

quant à leurs effets aux deux points de vue suivants : 1° vis-à-vis du débiteur le cessionnaire a un droit propre, il se trouve en rapport immédiat avec les obligés au titre, en sorte que les exceptions opposables à son cédant n'ont aucun effet vis-à-vis de lui ; comme le dit très-bien M. Nouguier (*Lettre de change*, t. I, n. 431), « celui qui souscrit un effet négociable, ou celui qui l'endosse crée en quelque sorte une monnaie de convention qu'il s'engage à rembourser en espèces entre les mains du porteur » (Orléans, 24 juin 1868); 2° l'endossement, en ce qui concerne la garantie, soumet à des obligations beaucoup plus strictes que la cession ordinaire. Quand même en droit civil le cédant se serait, par une clause formelle, soumis à la garantie, il ne serait pas tenu si rigoureusement que celui qui est obligé par lettre de change ; en effet, il ne répond que de l'insolvabilité actuelle ou future du débiteur, suivant les termes de la convention, tandis que le signataire de la lettre de change répond non-seulement de l'insolvabilité du tiré, mais encore du défaut de paiement à l'échéance, le tiré fût-il l'homme le plus solvable.

L'obligation de l'endosseur qui est solidaire quand il a cédé un effet de commerce, est indépendante de celle des autres obligés, en ce sens que l'endossement est un acte qui subsiste *per se*, et l'endosseur, alors même que le tireur ne serait pas tenu, parce qu'il est incapable ou que la signature à lui attribuée ne serait que le résultat d'un faux, n'en demeurerait pas moins obligé.

Quand un billet à ordre ne répond pas à toutes les formalités exigées par la loi, il n'a que la valeur d'une simple promesse. Il s'est, en pareil cas, présenté deux questions dans la pratique dont l'une ne fait aucun doute : c'est celle de savoir si, malgré son caractère de simple promesse, l'effet n'en est pas moins transmissible par endossement. L'affirmative, en pareil cas, ne fait aucun doute. Quant à l'autre question, elle a été diversement résolue par les tribunaux. Il s'agit de savoir si le tiers porteur sera ou non, dans les hypothèses qui se sont présentées, c'est-à-dire quand le titre n'énonçait pas la valeur fournie ou l'énonçait d'une manière insuffisante, passible des exceptions opposables à son cédant. La cour de cassation, le 11 avril 1849, a résolu la question négativement, mais d'une manière implicite ; la cour de Montpellier, le 13 février 1869, l'a résolue affirmativement. A l'appui de cette dernière opinion on a dit qu'autrement on arriverait à ne tenir aucun compte des prescriptions de la loi et à faire produire à un billet à ordre irrégulier les mêmes effets que s'il était régulier. Si le billet, quoique ne valant que simple promesse, est susceptible d'endossement, ce n'est que parce qu'il contient la clause à ordre. Il en est de même de toute obligation à ordre. Quant aux autres conséquences, elles ne se trouvent produites que si le titre est conforme aux prescriptions de la loi. C'est là, suivant nous, où est l'erreur : l'impossibilité d'opposer au porteur les exceptions opposables à l'endosseur précédent dérive aussi bien de la clause à ordre que la faculté de le céder par voie d'endossement ; en s'obligeant envers le porteur de l'ordre, le souscripteur de l'effet a par là même renoncé à lui opposer les exceptions opposables à ceux qui lui transmettraient l'effet. Quant à l'objection tirée de ce que dans notre système on fait produire au billet à ordre les mêmes effets que s'il était régulier, elle n'est nullement décisive, car au point de vue de la solidarité, des droits et devoirs du porteur, du paiement, etc., il y aura grand intérêt à savoir s'il est régulier, car, dans ce cas-là seulement, les règles du Code relatives à la lettre de change lui seront applicables. (C. com. 189.)

En ce qui concerne le premier effet de la clause à ordre dont nous avons parlé, c'est-à-dire l'impossibilité d'opposer au porteur les exceptions opposables soit au tireur, au preneur ou aux endosseurs subséquents, voici comment s'exprime la cour suprême dans son arrêt de cassation du 18 mars 1850 : « Attendu que le débiteur qui s'engage par un titre payable à ordre, accepte d'avance pour créancier non-seulement le bénéficiaire ou preneur du billet, mais encore tous ceux qui en deviendraient propriétaires par des endossements successifs ; qu'à la différence du cessionnaire d'une créance ordinaire, auquel le Code civil accorde contre le débiteur autant de droit qu'en avait le cédant qu'il représente, le porteur de l'endossement a pour débiteur direct le souscripteur sans intermédiaire du bénéficiaire et des autres endosseurs, qui ne se représentent pas les uns les autres, mais dont chacun a été de son propre chef créancier du souscripteur ; que, sans ce principe qui résulte des art. 136, 137 et 164 C., la transmission, par voie d'ordre ou d'endossement, ne produirait pas la circulation facile en vue de laquelle elle a été admise dans le commerce, circulation rapide dont chacun des mouvements accroît le crédit du billet par la garantie qu'apporte la signature de chaque endosseur nouveau, et sans que, par une exception tirée de faits personnels aux endosseurs et souscripteurs, le paiement puisse être refusé le jour de l'échéance au porteur. »

Le porteur sera passible sans aucun doute de la part du débiteur de l'effet des exceptions résultant du titre lui-même ou personnelles au débiteur. Ainsi il sera passible de l'exception tirée de l'irrégularité de l'endossement : le souscripteur de la lettre pourra également lui opposer un règlement de compte à faire pour des marchandises par lui expédiées au porteur, à l'effet d'être vendues, et demander que les marchandises lui soient restituées, ou qu'il lui soit fait un compte du produit de leur vente avant qu'il soit tenu d'acquitter la lettre de change. (Aix, 21 juin 1855.)

L'opinion, si bien exprimée dans l'arrêt de la Cour de cassation, a été combattue par M. Bodin dans la *Revue pratique*, tome V, page 152, qui admet que le porteur n'est que le cessionnaire du preneur. Cependant il reconnaît que le caractère de monnaie attribuée à la lettre de change empêche qu'on puisse opposer au porteur les exceptions opposables au tireur et aux endosseurs ; mais si le porteur a connu l'exception opposable au précédent titulaire, alors il sera passible, lui aussi, de cette exception, et le caractère de monnaie qu'on reconnaît au titre ne justifie plus la dérogation qu'on avait apportée au principe que le porteur n'est que le cessionnaire du preneur. M. Demangeat, dans le traité de M. Bravard, a combattu cette doctrine avec beaucoup de talent, tome III, page 140 et suiv. Nous croyons, quant à nous, qu'il y a des distinctions à faire, quoique, dans le plus grand nombre de cas, ce soit l'opinion de M. Bodin qui doive l'emporter. Quand il s'agit des exceptions tirées de la compensation et de l'art 14 C. N.; nous nous rangeons à l'avis de M. Demangeat.

Quand il s'agit des exceptions de violence, de faux et d'incapacité, nous pensons qu'elles sont opposables même aux tiers porteurs de bonne foi; quant aux autres exceptions, nous pensons que les tiers porteurs n'en sont passibles qu'autant qu'ils n'en ont pas eu connaissance. Nous aurons sujet d'approfondir la question à propos des effets de l'endossement régulier.

Puisque les effets de la clause à ordre sont si importants, il ne sera pas sans intérêt de se demander à quelle époque cette clause a été introduite. Elle ne l'a été que longtemps après l'invention des lettres de change, dont le premier exemplaire que nous possédons, de l'an 1381, rapporté par Balde (*Consilia, pars I^a cons.* 53), ne fait aucune mention. Ce n'est que vers 1620, suivant Savary (*Parère* 82), « que l'ordre comme moyen de transporter » la propriété des lettres de change et des billets à ordre » a pris naissance. L'innovation fut accueillie avec em- » pressement par le commerce, auquel elle procurait » l'immense avantage d'une grande facilité de circu- » lation de valeur; aussi le transport des effets de com- » merce, par la voie de l'endossement, devint d'un usage » presque général. » Dupuys de la Serra (*art des lettres de change, ch.* 13, n° 12), cite quelques pays où il était défendu d'agir ainsi : « Dans quelques villes particu- » lières comme Venise, Florence, Novi, Bolzan, par » des règlements qui ont force de loi, il est défendu de » payer les lettres de change en vertu des ordres; mais » il faut qu'elles soient payables à droiture à ceux qui » les doivent exiger, ou bien ceux à qui elles sont payables

» envoient une procuration conçue en certaine forme » précise, sans quoi on ne saurait en exiger le paiement » ni faire un protêt valable, parce qu'il ne serait pas » fait par la faute du tireur ni de l'acceptant. »

Cette date attribuée à la lettre de change se trouve confirmée par *l'Instruction sur les lettres de change* (ch. 1er page 4), d'après l'auteur de laquelle, avant le ministère du cardinal de Richelieu, on ne se servait pas du mot ordre. Mais l'embarras des procurations qu'il fallait passer et le désir de favoriser les lettres de change dont ce ministère faisait un très-grand usage, donnèrent lieu à l'emploi de ce mot, et firent admettre la négociation des effets de commerce à l'aide d'un simple endos. Ce ministère dura de 1624 à 1642. On peut regarder cette période comme celle pendant laquelle l'ordre inventé en 1620 se serait développé (V. Nouguier, t. I, n° 383).

L'endossement est une opération juridique par laquelle le bénéficiaire d'un effet le cède à un tiers, soit en propriété, soit à titre de gage, soit pour en opérer le recouvrement au moyen d'une mention ordinairement inscrite au dos du titre ; il n'y a pas nécessité que l'endossement se trouve écrit au dos du titre, il vaudrait, fût-il inscrit sur le recto à une place quelconque. Quand l'endossement est en blanc, on a tout intérêt à l'écrire sur le verso de l'effet, sans quoi il passerait pour un aval à moins qu'on ne prouve le contraire d'une manière évidente.

Pour que la lettre de change vaille comme telle, il faut qu'elle soit à ordre ; si elle était payable à un individu dénommé, elle ne vaudrait pas, car elle ne répondrait nullement aux besoins du commerce en vue desquels elle a été créée ; mais si la lettre a été créée payable au tireur sans faire mention de l'ordre, elle sera parfaite néanmoins, si la clause se trouve dans l'endossement qui seul donne au titre le caractère de lettre de change. Par exception la lettre créée payable à l'ordre du tireur pourrait valoir sans endossement fait à un tiers : nous voulons parler du cas où le tireur serait tireur pour compte, et où il ne serait réellement que preneur ; en pareil cas, on le conçoit, la mention de l'ordre devra se trouver dans la lettre elle-même.

Souvent il arrive que la multiplicité des endossements successifs épuise le papier destiné à les recevoir ; en pareil cas, on ajoute pour continuer les endossements une feuille semblable à la traite qu'on appelle allonge, et qui, ne faisant qu'un avec le titre, sera rédigée sur papier libre, sans qu'il y ait contravention à la loi du timbre. Grâce à l'allonge, de fausses mentions peuvent se glisser facilement, de même que des faux, on peut confectionner une lettre de change sur le recto ; pour éviter tout inconvénient, on fera bien d'indiquer en tête : *Allonge à une lettre de change tirée par un tel, tel jour, etc.* ; on pourra également s'arranger en sorte que le dernier endossement, écrit sur la lettre elle-même, soit complété sur l'allonge. Ce système est indiqué par l'art. 309 du *Code russe*. La loi *du canton de Saint Gall*, pour éviter toute fraude, ordonne d'attacher l'allonge à la lettre et sur le recto d'inscrire l'indication de la lettre à laquelle elle sert d'allonge, ou au moins de parapher le côté blanc, si on n'inscrit pas cette mention sommaire.

L'endossement peut-il avoir lieu par acte séparé ? Cette

question, qui a peu d'importance pratique, est résolue dans le sens de la négative par MM. Pardessus, t. II, n° 343; Dalloz, *Rép. Effets de com.* 367; Demangeat sur Bravard, t. III, p. 160. L'affirmative enseignée par M. Nouguier n. 414, doit prévaloir, car ce qui n'est pas défendu se trouve permis. Il pourra y avoir grand intérêt à faire cet endossement, le propriétaire de l'effet se trouvant loin de chez lui et n'ayant pas le titre à sa disposition, peut trouver un acquéreur, il ne pourra le négocier que si on admet l'endossement par acte séparé ; de même si le titre est à l'acceptation, cette faculté de faire un endossement par acte séparé pourra être très-utile. La pratique admet l'endossement par acte séparé, c'est ce qui a lieu quand l'original étant à l'acceptation, on négocie une copie sur laquelle tous les endossements ne sont point relatés. Le contraire résulte cependant d'un arrêt de la cour d'Aix du 18 décembre 1826. Suivant cette décision, il faut que l'endossement soit écrit sur la lettre de change elle-même, c'est-à-dire sur la première ou sur la seconde, et non sur une simple copie ; il en serait de même, à bien plus forte raison, dans cette doctrine, si on n'avait fait que constater l'endossement sans dresser une copie du titre. De ce que nous venons de dire, il suit que dans notre système le porteur peut faire un endossement notarié, ce qui sera avantageux pour celui qui ne sait pas écrire, parce qu'il n'aura pas besoin de donner une procuration dont on peut abuser. L'endossement devra avoir lieu en minute, car il ne rentre pas dans les actes que la loi permet de rédiger en brevet ; on ne peut le faire rentrer que dans les ventes et cessions. (Loi du 25 vent. an XI, art. 20.)

De ce qu'un titre a été créé à ordre, cela n'exclut pas les autres modes de transport : ainsi on peut fort bien recourir aux formalités des art. 1689 et s. C. N. C'est ce qui a été décidé avec raison par la cour de Riom le 1er juin 1846, et par la cour de cassation le 15 décembre 1868. L'endossement n'est que la conséquence de l'ordre, lequel, comme nous l'avons vu, a été longtemps inconnu. Son introduction est venue favoriser le commerce, mais elle n'a eu nullement pour but de supprimer les moyens de transport du droit commun, dans les cas où on trouverait à propos d'y recourir. Ce qui a été fait pour le commerce ne peut nuire au commerce, et l'on ne saurait, sans détourner la loi de son intention, priver ceux qui se livrent à des transactions de la faculté d'employer les formes ordinaires (1). Seulement en pareil cas, la cession demeurera pour le tout soumise aux règles du droit commun, et le cédant pourra se prévaloir des déchéances prononcées contre le porteur par les art. 160 et s. Co. (Cass. 31 mai 1864.) Celui-ci sera passible des exceptions opposables au cédant, notamment de ce que le billet n'a d'autre cause que le crime de baraterie concerté entre tous les souscripteurs et endosseurs. (Cass. 9 juillet 1867.)

Nous allons nous demander, si la transmission des effets à ordre peut être manuelle. Ici il faut soigneusement distinguer les rapports avec les tiers, et ceux des cocontractants entre eux. A l'égard des tiers qui peuvent

---

(1) Nouguier, t. I, n° 480. Frémery, *Etude de droit comm.*, ch. xx, p. 127.

avoir des compensations à opposer au cédant, ou des oppositions à former dans les deux cas où la loi le permet 149 Co., la transmission manuelle s'opérant dans l'ombre ne pourra faire aucun obstacle à leurs droits ; pour eux le véritable propriétaire sera celui auquel le titre a été transmis par le dernier endossement. Dans les rapports du cédant et du cessionnaire, le transport doit valoir en principe, parce qu'il est le résultat d'une convention licite, 1134 C. N. ; il suffira qu'il soit prouvé. Cela posé, nous pouvons examiner plusieurs hypothèses. Le cédant était porteur en vertu d'un endossement régulier, la remise qu'il fera du titre ne suffira pas pour qu'il y ait aliénation de l'effet, car ce n'est un mode de transmission qu'à l'égard des meubles corporels et des titres au porteur. Si le possesseur indépendamment du fait de la remise parvient à prouver qu'il y a eu convention pour transférer la propriété entre lui et le titulaire de la créance, il faudra le considérer comme propriétaire.

Il est possible que le porteur, en vertu d'un endossement régulier, avant d'opérer la remise du titre, ait apposé sa signature en blanc au dos du titre ; ces deux circonstances suffiront-elles pour prouver la propriété du porteur ? Il faut répondre non, tant que le contraire n'est pas prouvé, parce que autrement on arriverait à jeter la perturbation dans le petit commerce, où l'on remet tous les jours des effets endossés en blanc à des agents d'affaires, qu'on charge du recouvrement et qui ont souvent comparu en police correctionnelle pour abus de confiance. (Cass. 20 juillet 1864.)

Celui qui transmet l'effet peut l'avoir reçu couvert d'un simple endossement en blanc, le porteur en pareil cas sera propriétaire dans ses rapports avec son cédant : la propriété de celui-ci ne se trouvant pas constatée par écrit, il n'est pas besoin qu'un écrit intervienne pour la faire cesser ; le titre circulera comme un titre au porteur. (Merlin. *Quest. de dr. Donation*, § 6. Cass. 21 août 1837.)

Voici comment s'exprime la cour de Paris dans un arrêt du 23 janvier 1840 : « Considérant qu'il est constant en fait que les billets dont il s'agit ont été transmis à la demoiselle Thérèse Dunand ; que cette demoiselle pouvait en disposer, sans y apposer sa signature ; que c'est en cet état qu'ils sont arrivés dans les mains de Vaudey ; que ces billets doivent être assimilés à des titres au porteur, pouvant ainsi faire l'objet d'une tradition et d'un don manuel. » Si le cédant avait été porteur en vertu d'un endossement irrégulier ordinaire, on n'aurait pu en dire autant, parce que le titre ne peut être regardé comme étant au porteur. Celui qui serait détenteur de l'effet devrait prouver qu'il en a été rendu propriétaire. Cette preuve serait même possible à l'encontre de l'endosseur, qui, propriétaire en vertu d'un endossement régulier, a le premier transmis irrégulièrement le titre, parce que l'endos irrégulier vaut procuration, aussi bien pour aliéner que pour recevoir le paiement. Il ne serait pas recevable à prétendre qu'il est un tiers, et que les preuves extrinsèques, destinées à compléter le titre, ne lui sont pas opposables ; il y a un contrat dont tous les intéressés peuvent se prévaloir.

Entre le cédant et le cessionnaire, quels effets produit la transmission manuelle ? On a prétendu que cette opération ne met aucune obligation de garantie à la charge du transmettant, et que celui-ci, en refusant d'apposer sa signature sur le titre, a entendu se soustraire à toute responsabilité. Cette conclusion trop absolue a besoin d'être corrigée. Il est bien vrai que le cédant a voulu se soustraire à la garantie ; mais cela doit s'entendre de la garantie commerciale, de la garantie solidaire de la solvabilité des débiteurs. Quant à l'inexistence de la créance il doit en répondre, puisqu'il est lié par un contrat du droit civil, suivant lequel le cédant doit garantir au cessionnaire l'existence de la créance. (1693 C. civ. Cass. 31 juillet 1817.)

Celui qui a cédé manuellement un billet à ordre qu'il détenait en vertu d'un endossement en blanc, sans y apposer sa propre signature, n'est responsable que de la vérité de la signature de son cédant immédiat. Quant à la vérité des signatures antérieures à celle-ci, il n'en est pas responsable en cas de défaut de paiement à l'échéance, autrement sa responsabilité se trouverait plus étendue que celle de l'endosseur, qui a endossé régulièrement le titre quand il ne peut plus être actionné comme endosseur, faute d'observation de la part du porteur des formalités prescrites par la loi, ce qui est inadmissible. Le doute sur la solution de la difficulté ne pourrait venir que de ce que l'on confondrait deux choses parfaitement distinctes : l'obligation de justifier de l'existence de la créance avec l'obligation d'en garantir le paiement. Or, la fausseté des signatures antérieures peut bien diminuer la garantie du paiement, mais elle ne fera pas que le cédant, qui a lui-même reçu l'effet d'un cédant sérieux, ait transmis une créance inexistante. (Cass. 22 février 1848.)

On peut se demander si, une fois l'endossement opéré,

il est permis de le bâtonner. Savary, 24e *Parère*, se prononce pour la négative. Il faut, je crois, distinguer. L'endossement a-t-il eu lieu, le titre demeurant entre les mains de l'endosseur, il peut le bâtonner parce qu'il ne constitue qu'un simple projet, à moins qu'il n'ait avisé le futur porteur par une lettre ; en agissant ainsi, il ne détruit qu'un simple projet sans violer aucun droit acquis (1).

Suivant quelques auteurs, dont l'opinion n'est du reste pas à suivre, il en est autrement en ce qui concerne l'acceptation faite par le tiré ; une fois mise sur le titre, à leur avis, sa signature est acquise définitivement au porteur ; le tiré est un dépositaire, et il engagerait sa responsabilité en altérant une créance qu'on lui a confiée. Ici cette raison de douter n'existe même pas, puisque la mention a été apposée sur le titre par le véritable propriétaire. Il pourrait détruire le titre, comment ne pas lui reconnaître le droit d'y porter provisoirement une mention, dans le cas où l'opération en vue se réaliserait définitivement ? Evidemment, c'est impossible. Dans l'autre opinion on a cherché à dégager le propriétaire, en lui permettant de se faire consentir une contre-passation du titre par le porteur ; mais c'est là un palliatif insuffisant, car le porteur peut s'y refuser.

Le négociant qui reçoit d'une maison de commerce, avec laquelle il est en compte courant, des effets portant endossement à son profit, ne perd pas le droit que cet endossement lui donne contre les débiteurs des effets,

(1) V. en ce sens : Bravard, t. III, p. 161 ; Nouguier, nos 444 et 448, et Bédarride, no 200.

parce qu'ils n'ont pas été acquittés par le tiré à l'échéance, et que conséquemment le négociant les a contre-passés au débit de la maison de commerce, lorsque du reste il demeure nanti des titres. Cela n'empêche pas le négociant, auquel les titres ont été remis, d'en demeurer propriétaire. Si donc la maison qui a remis les effets fait faillite, le négociant n'aura rien à rapporter à la masse ; il recouvrera les effets, et gardera, pour se payer sur le montant desdits effets, une somme égale à ce qui lui est dû. Cette solution admise par la Cour de cassation, le 27 novembre 1827, se fonde sur ce que la contre-passation qui avait eu lieu au débit de la maison de commerce était une opération de comptabilité insuffisante pour prouver la renonciation à la propriété des effets, alors surtout que l'effet était demeuré aux mains du négociant qui s'en prévalait. Nous verrons plus tard ce qu'il aurait fallu décider si l'effet de commerce avait été retourné à la maison en faillite dans l'ignorance de cet événement. (V. Bourges, 11 février 1820.)

Une question qui mérite de fixer notre attention, car elle est la source d'une jurisprudence considérable, c'est celle de savoir si l'endossement d'un effet de commerce est possible après l'échéance. L'affirmative à laquelle nous nous rattachons est consacrée par la jurisprudence ; mais le tribunal de commerce de la Seine est sur ce point en dissentiment avec la Cour de Paris, qui a maintes fois infirmé ses décisions.

MM. Pardessus et Nouguier se rangent à ce dernier avis, et se fondent sur ce que les lettres de change, les billets à ordre et les effets de commerce en général sont une monnaie courante créée pour les besoins du commerce, et que le privilége exceptionnel attaché à la qualité de tiers porteur, doit être exclusivement limité aux endos opérés pendant la circulation du titre, c'est-à-dire avant l'échéance. Dans cette opinion, on introduit dans la loi une distinction qui n'y est pas ; on considère l'endossement comme une faculté extraordinaire qu'il est du devoir de l'interprète de resserrer dans les limites les plus étroites. Il y a là une erreur, l'endossement est la conséquence naturelle de la clause à ordre ; il suffit que le titre soit à ordre pour qu'il soit transmissible par la voie de l'endossement. Or, le fait que l'échéance est arrivée n'a aucune influence sur la nature du titre. Si du reste les formalités prescrites pour assurer le recours contre les endosseurs n'ont pas été remplies à l'échéance, ceux-ci se trouveront libérés, aucun recours ne sera possible contre eux, pas plus que contre le tireur, s'il justifie avoir fait provision. Celui qui a endossé le titre après l'échéance ne peut, pour se soustraire à son obligation de garantie, argumenter du défaut d'observation à son égard des formalités destinées à assurer le recours, prescrites par les art. 165 et suiv., Co., qui ne peuvent plus être accomplies après une négociation intervenue dans de telles conditions. (Cass., 29 août 1854.)

Dans le système que nous repoussons, et qui consiste à voir dans l'endossement d'un effet échu une cession ordinaire, on se divise sur le point de savoir pendant combien de temps le porteur pourra exercer son recours : les uns veulent que ce soit pendant trente ans, les autres pendant cinq ans seulement. Ce qu'il y a de mieux à faire dans ce système, c'est de refuser tout recours au porteur impayé, car dans une cession ordinaire, le cédant ne garantit nullement la bonté de la créance. (V. 1693, C. Nap.; Bravard, t. III, p. 467.)

Pour nous, suivant en cela l'opinion de M. Bravard, nous croyons que le recours du porteur contre l'endosseur sera restreint à une durée fort courte : l'art. 160 nous paraît s'appliquer sans difficulté aucune à notre espèce, qu'il s'agisse d'une lettre payable à vue ou d'une lettre échue peu importe, qu'il n'y ait pas de terme ou que le terme soit échu, les deux cas sont semblables, le porteur devra agir dans les trois mois de la date de l'endossement (160 Co.), sauf augmentation à raison des distances. Une saisie-arrêt pratiquée depuis l'échéance entre les mains du souscripteur au préjudice du bénéficiaire, ne peut être opposée au porteur en vertu d'un endossement après l'échéance (Cass. 25 juillet 1855) : il faut en dire autant des exceptions de paiement et de compensation, qui auraient pu être opposées par ce souscripteur au bébéficiaire du titre. Cela résulte de ce que ici comme dans le cas d'endossement avant l'échéance, le porteur est créancier direct du souscripteur. (Cass. 22 mars 1853.)

Le tribunal de commerce de la Seine, fidèle à sa jurisprudence, a décidé au contraire que le tiers porteur est passible des exceptions opposables à l'endosseur. (Jug. du 19 septembre 1862.)

Si l'effet a été transmis par le tireur ou un autre endosseur, pour une dette échue après la cessation des paiements ou dans les dix jours qui précèdent, l'opération pourra être annulée, s'il y a de la part de l'acquéreur connaissance de ces événements. (447 Co. Cass. 15 décembre 1856 ; Limoges, 22 juillet 1857). Si la dette n'était pas échue, le paiement serait nul aux termes de l'art. 446 Co. Il y aurait nullité aux termes de l'art. 443, si l'endossemment était postérieur au jugement déclaratif de la faillite, comme ayant été fait par quelqu'un dessaisi de l'administration de ses biens.

Peut-on endosser un effet de commerce après la faillite du tiré ou du souscripteur ? Il faut adopter l'affirmative ; mais en pareil cas le porteur n'a de recours contre son endosseur, que s'il a fait protêt à l'échéance. On ne peut soutenir, comme on l'a fait, que malgré le défaut de protêt le cédant demeure toujours garant, parce qu'il s'agit de l'existence de la créance. C'est bien une question de garantie de paiement dont il s'agit pour le cédant, et qui peut se produire malgré la parfaite solvabilité du tiré ; il suffit qu'il ne veuille ou ne puisse plus continuer ses paiements. La créance sur le failli est d'ailleurs si peu inexistante, qu'elle aura pour effet de faire attribuer un dividende. Du moment que l'endosseur est bien et dûment propriétaire, rien dans la loi ne s'oppose à ce qu'il opère transmission du titre. (V. Dalloz. *Rép. Effets de commun.* 414. ; Cpr. en sens contr. Cass. 20 décembre 1821.)

Quand un effet de commerce est rétrocédé à l'un de ceux qui l'ont déjà endossé, et cela dans les dix jours antérieurs à l'ouverture de la faillite, le prix de l'effet remis au porteur qui a transmis l'effet ne peut être réclamé par la masse, comme étant le paiement d'une dette non échue aux termes de l'art. 446 Co. En effet, l'endosseur n'est pas un débiteur du titre tant qu'il n'y a pas eu de la part du souscripteur refus de payer le montant de l'effet constaté par un protêt, quoiqu'il soit garant solidaire du paiement; l'opération étant une vraie opération de change, se trouve parfaitement valable. (Bourges 7 mars 1845.)

La cession d'une obligation qui n'est point à ordre, peut-elle s'opérer par la voie de l'endossement, et le porteur saisi du titre par cette voie a-t-il qualité pour en poursuivre le paiement? La question n'offre pas de grandes difficultés, la transmission d'une simple obligation non à ordre par endossement ne peut créer aucun droit pour le porteur à l'égard des tiers qui, avant le paiement, auraient pratiqué des saisies-arrêts ou acquis sur la somme cédée des droits quelconques. Le souscripteur peut aussi opposer au porteur toutes les exceptions qu'il aurait à faire valoir contre son cédant. Mais à part les droits des tiers et ceux du souscripteur lui-même, nous ne comprenons pas pourquoi celui-ci résisterait au paiement vis-à-vis du porteur du titre cédé par endos du bénéficiaire ou même d'un porteur subséquent.

En nous occupant de la lettre de voiture, nous aurons occasion de revenir sur la question. C'est avec raison que la cour de Paris a admis qu'une simple reconnaissance signée par un commerçant ne peut être régulièrement transportée à un tiers par un endossement; il faut, pour qu'il puisse intenter une action en paiement, qu'il soit saisi en vertu d'un acte de transport régulier. (Paris, 15 février 1867).

Sur ce point, le tribunal de commerce de la Seine a rendu des décisions opposées. (Jug. 2 novembre et 21 décembre 1855.)

Pour transférer la propriété, l'endossement doit être régulier; nous allons donc étudier les conditions requises pour la régularité.

L'endossement peut avoir trois buts parfaitement distincts : 1° transférer la propriété, il faut alors qu'il soit régulier; 2° donner procuration au porteur, c'est l'effet qu'il produit quand il n'est pas conforme aux prescriptions de la loi ; 3° constituer un gage d'après le nouvel art. 91 Co., tel qu'il a été rédigé en 1863, car avant cette époque c'était une question controversée que de savoir si on pouvait par endossement constituer un gage.

DEUXIÈME SECTION.

Conditions requises pour l'endossement régulier.

Voici comment s'exprime l'art. 137 Co. : « L'endosse-
» ment est daté. Il exprime la valeur fournie. Il énonce
» le nom de celui à l'ordre de qui il est passé. »

Cet article n'exige pas la signature de l'endosseur, il y a là un oubli, car sans elle il n'y a pas d'endossement possible. La commission du Conseil d'État voulait ajouter la disposition suivante : « L'endossement doit indiquer le nom social et le domicile s'il est passé au profit d'une société de commerce; les noms, profession et domicile s'il est passé au profit d'un seul individu. » On a rejeté avec raison cette proposition, pour les motifs suivants : dans les grandes villes, il est impossible de connaître d'une manière sûre et exacte le domicile de chacun ; admettre ce système, ce serait multiplier les causes de nullité des traites au détriment de ceux qui en ayant fourni la valeur auraient négligé cette mention et allonger le contenu des lettres d'une manière considérable.

Quand l'endossement a lieu en pays étranger, quelles règles faudra-t-il suivre ? La question est discutée : les uns veulent que l'on suive la loi du lieu où la lettre est payable ; les autres, celle du lieu ou s'opère l'endossement. Cette dernière opinion qui n'est que l'application de la règle : *Locus regit actum*, nous paraît seule devoir être suivie.

La cour de Rouen, par arrêt du 1er décembre 1854, a décidé que l'endossement en blanc d'une traite tirée de Calcutta et payable à Londres était translatif de propriété, conformément à la loi anglaise. Ceci ne pouvait faire de doute, il n'y a de difficulté que lorsque la lettre est payable dans un pays autre que celui où elle est créée. Un arrêt de Trèves, 20 frim. an XIV, admet qu'il faut s'attacher à la loi du lieu où le titre est payable ; mais un autre arrêt de la même cour du 28 avril 1809 décide pour les formalités à observer et la confection de la lettre, cas identique à celui de l'endossement, qu'on doit s'attacher au lieu où le titre a été créé. On contestait dans l'espèce que l'effet créé à Manheim fût une lettre de change en France, en quoi on avait raison ; mais comme d'après l'usage de la localité, ce billet était traité comme une lettre de change, la Cour de Trèves rendit l'arrêt suivant : « Attendu que l'effet dont il s'agit a la forme d'une lettre de change, d'après les usages du lieu où il a été fait et que les tribunaux de commerce sont compétents pour connaître des lettres de change entre toutes personnes. » (V. Merlin. *Rép.* Vo *Lettre et billet de change*, § *II*, no 8. *Protêt*, § 9.)

Entre le moment où la lettre de change a été créée et celui où s'est opéré l'endossement, si la loi qui concernait les formes à donner à celui-ci a changé, il faudra appliquer celle qui est en vigueur au moment de l'endossement, car nous n'avons qu'une loi concernant la forme des actes et nous ne violons ainsi aucun droit acquis. C'est ce qu'a jugé la Cour de Riom le 14 mars 1809.

Nous allons nous occuper des diverses formalités que requiert l'art. 137 pour la régularité de l'endossement : l'inobservation de ces formalités empêche le transport de propriété, sans qu'on puisse prouver par d'autres moyens que la présomption de la loi est fausse (Rennes, 6 décembre 1827) et qu'il y a eu transport en réalité. Cette non-recevabilité n'existe que vis-à-vis des tiers; elle n'aurait pas lieu dans les rapports de cédant à cessionnaire, comme nous le verrons par la suite.

Date. — Dans les actes ordinaires, le défaut de date n'est jamais une cause de nullité, si on excepte le testament olographe ; ici il en est autrement, le législateur, en raison des abus auxquels peut donner lieu la facilité avec laquelle s'effectue l'endossement, a voulu une sanction sévère pour les prévenir.

Ici, par date, nous ne comprendrons pas, outre l'indication des jour, mois et an, celle du lieu où s'effectue l'endossement. Cette indication qui est nécessaire pour la lettre de change, ne le sera ici qu'autant qu'il s'agirait d'une lettre à l'ordre du tireur lui-même, parce que l'endossement donnant au titre son caractère véritable de lettre de change, il faut qu'on puisse voir de suite s'il y a eu remise de place en place. Des auteurs admettent qu'une véritable lettre de change peut être créée payable à l'ordre du tireur lui-même ; dans ce système, pourvu que la lettre indique le lieu d'où elle est tirée, il n'y aura pas besoin que l'endossement en fasse mention.

L'indication de la date sert à prouver qu'au moment de l'endossement, son auteur était capable, par exemple qu'il avait cessé d'être mineur, que le commerçant n'était pas encore tombé en faillite. Cette prescription de la loi ne sera pas inefficace, car elle est munie d'une sanction énergique, que le Code a empruntée à l'ordonnance de 1673. L'antidate est punie de la peine du faux, c'est-à-dire des travaux forcés à temps.

Relativement à la lettre de change, la loi n'a rien dit de semblable, aussi controverse-t-on la question de savoir si l'antidate doit dans ce cas être punie de la peine du faux : l'affirmative est adoptée par d'excellents esprits, notamment par M. Nouguier, néanmoins il faut sans hésitation, je crois, admettre la négative.

On nous objectera en vain que la lettre étant le principal et l'endossement l'accessoire, il faut au moins autant punir l'antidate du principal que celle de l'accessoire. Tout cela devrait tomber devant cette idée qu'ici nous sommes en matière pénale, où les textes doivent s'interpréter avant tout d'une manière restrictive. Mais il y a de plus, l'antidate de l'endossement a des dangers bien autrement graves que ceux de l'antidate de la lettre elle-même. En effet, un individu a beau être insolvable, si la lettre est revêtue de bonnes signatures, si elle a été acceptée par le tiré qui est dans de bonnes affaires, elle circulera facilement, et en antidatant, l'endosseur pourra transmettre la lettre à une époque où il a déjà été déclaré en faillite, soit pour soustraire la valeur à ses créanciers, soit pour avantager l'un d'eux au détriment des autres. — Quand c'est le tireur qui antidate, la lettre n'ayant de valeur que celle qui résulte de sa signature, ce sera au preneur à savoir avec qui il contracte ; en tout cas l'antidate lui donnera des soupçons qu'il devra éclaircir.

Quand on dit qu'il est défendu d'antidater les ordres à peine de faux, cela ne veut pas dire que toute irrégularité dans la mention de la date entraîne pour celui qui en est l'auteur la peine du faux ; en effet, souvent un individu se trouvera porteur d'un effet de commerce revêtu de plusieurs endossements en blanc, alors, pour régulariser sa situation, il remplira les blancs ; mais, comme il ne se rappellera pas au juste à quelle époque le titre est passé entre les diverses mains, il sera exposé à commettre des erreurs. Ce n'est pas là ce que la loi a voulu punir ; ce qu'elle veut empêcher, c'est que par dol un individu n'antidate un endossement pour frauder les droits d'autrui.

Quand même la lettre serait payable à l'ordre du tireur lui-même, la Cour suprême admet la nécessité de dater l'endossement, bien que la lettre le soit, cela va de soi, dans le système de ceux qui admettent que la lettre payable à l'ordre du tireur est une vraie lettre de change ; mais pour ceux qui admettent qu'elle ne devient telle que par l'endossement opéré dans un autre lieu que celui où elle est payable, il y a là une erreur : car puisque la création de la lettre est une pièce en deux actes, qu'importe la date de l'endossement puisqu'il n'y a pas, à proprement parler, endossement, mais seulement perfection d'une lettre qui se trouve datée par avance. (Cass., 23 juin 1817 et 14 nov. 1821).

Dans sa jurisprudence antérieure, la Cour de cassation décidait avec raison le contraire en se plaçant au dernier point de vue, c'est-à-dire en ne voyant dans l'endossement qu'une formalité donnant à la lettre sa perfection. (Cass., 2 prairial an XIII. — Paris, 30 août 1836).

Quand même dans l'endossement on trouverait les mots : *ut retro, ut supra,* cela ne suffirait pas et n'équivaudrait pas à la mention expresse de la date. Voici comment s'exprime l'arrêt précité de 1817 : « Attendu que la date dans les ordres est également de rigueur pour qu'ils puissent produire l'effet de transmettre la propriété au porteur de la lettre de change et que les mots : *ut retro, ut supra* n'expriment une date dans aucun idiôme ; qu'ils peuvent même signifier toute autre chose suivant telle ou telle place qu'ils occupent dans le discours ; que s'il y a vraisemblance à ce que ces mots se rapportent plutôt à la date qu'à toute autre chose dans les ordres, lorsque les autres formalités ont été observées, ce n'est toujours là qu'une présomption, une supposition, que le résultat d'un raisonnement par induction ; qu'il faut, pour en faire l'application à la date, que le juge exerce un pouvoir discrétionnaire, qu'il explique, tandis que le Code, en exigeant que les ordres soient datés, a nécessairement voulu qu'à la simple lecture de l'ordre on pût décider si la formalité prescrite avait été remplie ; que si c'est l'usage dans quelques provinces méridionales de la France d'en user ainsi lorsque les lettres de change sont tirées, valeur en soi-même et à son ordre, cet usage est abusif, puisqu'il est contraire au vœu de la loi et qu'il importe dès lors de le faire cesser. »

Cet arrêt si bien motivé en ce qui concerne les mentions *ut retro, ut supra*, avait tort au fond, suivant nous, puisque nous avons vu que l'endos d'une lettre tirée à son ordre n'a pas besoin d'être daté quand la lettre l'est (1).

La date de l'endossement se trouverait-elle suppléée par la date d'un aval apposé en bas ou par celle d'un protêt, faute d'acceptation faite par le bénéficiaire de l'endossement? Il faut se prononcer pour la négative; l'endosseur qui a conservé la propriété de la lettre ne peut plus, sans son fait, en être dépouillé par l'aval ou le protêt, qui sont des actes auxquels il n'a pas de part (2).

Le défaut de date constitue ce qu'on appelle une omission; à la différence de la supposition, l'omission est opposable à tout le monde, car elle résulte d'un vice patent qui se révèle aux yeux de tous, chacun a dû la connaître. La supposition consistant dans une fausse énonciation, on ne peut rien reprocher à celui qui l'a ignorée. Elle n'empêchera donc pas que le titre, à l'égard des tiers porteurs de bonne foi, ne garde son caractère de lettre de change. (Merlin, *Rép.* v° *Lettre de ch.*, § 2, n° 8 bis).

Il ne sera pas hors de propos de remarquer, en ter-

---

(1) V. Merlin, *Questions de dr.*, v° *Endossement*, § 1er, n° 5; Dalloz, *Rép.*, *Effets de comm.*, n° 111.

(2) Pothier, *Contr. de ch.*, n° 40; Savary, *Parère* 16e; Merlin, *Rép.*, v° *Endoss.*, n° 1.

minant, que malgré l'utilité de la date de l'endossement, elle n'est cependant pas exigée par deux des législations qui apprécient le mieux les besoins du commerce, celle de l'Allemagne et celle de l'Angleterre. La loi anglaise exige cependant la date, et ne se contente plus de l'endossement en blanc quand il s'agit d'une lettre au-dessous de 5 livres sterling.

Valeur fournie. — La seconde mention, exigée par la loi dans l'endossement, est celle de la valeur fournie. Cette obligation, pour l'endosseur, de faire connaître en quoi consiste la valeur fournie, est une de celles que les commentateurs modernes ont le plus critiquées, et avec raison.

Elle n'existe pas dans les législations des peuples essentiellement commerçants, tels que les Anglais et les Allemands ; en outre, elle est devenue insignifiante par l'insertion de la mention fort élastique, *valeur en compte.* Il y a plus, elle est nuisible ; car si elle est précise, elle met le public dans le secret des affaires de celui qui n'a pas craint de l'insérer, ce qui est toujours mauvais dans le commerce. M. Frémery, dans ses *Études de droit commercial*, l'a combattue avec une grande force, comme dénuée de toute base rationnelle.

Voici comment s'exprimait, en 1841, le regretté professeur de Heidelberg : « La question de savoir si la valeur a été fournie intéresse uniquement l'endosseur et celui à qui il a passé l'effet ; ces deux parties peuvent s'entendre entre elles à ce sujet, de telle manière qu'elles le jugeront convenable ; par exemple, l'endosseur peut délivrer une quittance. Peu importe à l'accepteur ou aux porteurs subséquents que chaque endosseur précédent ait reçu la valeur de son endossement. L'endosseur peut avoir fait donation de la lettre de change; il peut en avoir prêté le montant, il peut n'y avoir mis son endossement que pour en faciliter la négociation; tout cela est indifférent pour cette circulation en général et en particulier pour les porteurs subséquents de l'effet. Au surplus, il y a souvent impossibilité d'indiquer la manière dont la valeur a été fournie, parce qu'en réalité elle ne l'a pas été; il faut alors recourir à la mention *valeur en compte*, qui, on le sait, se prête à toutes les interprétations possibles, et au fond ne fait qu'établir des présomptions. » (Mittermaier, *Revue étr. et fr.*, t. VIII, p. 113 et suiv.)

En pratique, cette prescription de la loi a donné lieu à de nombreux arrêts, tous relatifs au point de savoir si l'indication faite sur la lettre contenait une mention suffisante de la valeur fournie. Quand la mention sera ainsi conçue : *valeur en marchandises*, *valeur en espèces*, *valeur en compte*, il n'y aura pas de difficulté, la loi étant formelle, 110, Co. On a avec raison regardé comme insuffisantes les expressions, *valeur entendue*, *valeur en recouvrement*. Un arrêt du 14 août 1850, de la Cour de cassation, a rejeté le pourvoi formé contre un arrêt de la Cour de Paris, qui infirmait un jugement du Tribunal de commerce de la Seine, se contentant de la mention : *valeur suivant notre convention de ce jour*, parce qu'elle n'indique ni de quelle manière la valeur a été fournie, ni même s'il a été actuellement fourni une valeur, et parce qu'elle n'assigne à la création du titre d'autre cause qu'une convention dont elle ne détermine pas la nature et n'atteste pas l'exécution.

L'endossement, pour être translatif de propriété, ne doit pas seulement porter *valeur reçue*, il faut qu'il relate en quoi elle a été fournie. (Cass., 9 nov. 1836.) En effet, la règle est la même pour l'endossement que pour la création du titre ; or, pour celle-ci, les rédacteurs du Code ont eu l'intention de reproduire le droit établi par l'ordonnance de 1673, dans le but, dit Pothier, *Contr. de ch.*, 34 : « d'empêcher les fraudes des banqueroutiers qui, ayant des lettres de change portant seulement *valeur reçue*, et dont ils n'avaient fourni d'autre valeur que leur billet, passaient des ordres la veille de leur banqueroute, à des personnes supposées, pour en recevoir la valeur sous leur nom, et faisaient perdre la valeur à ceux qui avaient fourni ces lettres. » Il est facile de voir que le but proposé n'était pas atteint par cette mesure, et que les parties, au lieu de mettre *valeur reçue*, mettraient *valeur en compte*. Si l'énonciation *valeur reçue* est insignifiante pour rendre l'endossement translatif de propriété, du moins vaudra-t-elle comme quittance. (Bruxelles, 28 therm. an XI.—Trib. de Marseille, 17 mai 1861.)

Le tireur qui a remis au porteur une lettre avec cette mention : *valeur reçue*, ne pourra exiger qu'il prouve avoir fourni la valeur ; les tiers seuls peuvent se prévaloir de l'insuffisance de la mention. (Tr. de Marseille, 18 février 1864.

Il peut arriver qu'une mention énonçant la valeur fournie soit insuffisante pour satisfaire au vœu de la loi, telle sera la mention : *valeur suivant notre convention de ce jour* ; la Cour de Montpellier a admis qu'en pareil cas le billet ne pourrait valoir comme billet à ordre, que pour valoir comme tel, « il faudrait au moins, pour corriger le vague de cette énonciation, joindre au billet à ordre ainsi conçu la lettre qui en précisait le sens et la portée ; qu'à défaut de mention plus explicite, cette formalité devient obligatoire à moins que le bénéficiaire ne consente à recevoir à ses risques et périls le billet tel quel des mains du souscripteur. (V. Montpellier, 13 fév. 1869.)

Cette solution généralisée nous conduit à décider, qu'on peut suppléer aux énonciations essentielles dans un effet de commerce, par l'adjonction d'actes séparés dans lesquels les énonciations seraient contenues. Au surplus, cette solution a trouvé assez d'accord avec l'idée admise par nous que l'endossement d'un effet de commerce peut avoir lieu par acte séparé.

Une mention sur laquelle il s'est élevé en pratique des difficultés assez sérieuses est celle-ci : *valeur à lui appartenant*. L'endosseur, actionné par le porteur impayé à l'échéance, a soutenu qu'il n'était tenu d'aucune garantie, parce qu'il avait ainsi indiqué que celui à qui il avait endossé ce titre en était propriétaire, et que lui, conséquemment, n'était que mandataire. On soutenait que l'insertion de cette formule équivalait à l'insertion de la stipulation de non garantie; mais ce système a été repoussé avec raison le 11 décembre 1833 et le 12 août 1835 par la Cour suprême ; en effet, s'il est loisible aux parties d'insérer dans l'endossement telle clause que bon leur semble, il faut que personne ne puisse s'y méprendre ; or, pour arriver à entendre ces mots : *valeur à lui appartenant*, comme synonymes de ceux-ci : *sans garantie*, il faut avouer qu'il est nécessaire de se livrer à des inductions. Dans le système opposé aux arrêts, on rend les tiers victimes de leur bonne foi ; nous croyons que l'endosseur doit supporter la peine de s'être mal exprimé, alors qu'en deux mots il pouvait indiquer qu'il n'était qu'un mandataire.

Nom et ordre du porteur. — La troisième condition requise pour la validité d'un endossement, c'est qu'il indique le nom et l'ordre du porteur. Le nom du porteur fait connaître qui est véritablement propriétaire de l'effet. L'ordre constitue un des éléments essentiels de la lettre de change, car, au moyen de cette clause, le titre pourra circuler rapidement et sans frais. On ne saurait être admis à prouver par des éléments pris en dehors du titre que, malgré l'absence d'indication du cessionnaire, c'est tel individu qui est propriétaire de l'effet ; l'endossement se trouverait vicié et ne pourrait valoir que comme procuration à l'égard des tiers.

Le débiteur en vertu d'un titre à ordre a accepté par là même pour créanciers tous ceux entre les mains desquels passerait le titre ; il en est ainsi quand la créance, à l'origine à personne dénommée, a été cédée sous la condition qu'elle deviendrait négociable entre les mains du cessionnaire. En pareil cas, la signification au débiteur n'est nécessaire que lors de la conversion ; ensuite, ce titre se transmettra par la voie d'endossement sans que les syndics du cessionnaire ultérieurement tombé en faillite puissent se prévaloir du défaut de signification à chaque endossement, pour soutenir que le cessionnaire est demeuré propriétaire et ne reconnaître aux tiers porteurs que la qualité de créanciers du failli. (Montpellier, 2 mars 1853.)

En terminant l'étude des conditions exigées par la loi pour constituer l'endossement régulier, nous devons examiner la question qui a été soulevée de savoir si quand l'endossement n'est pas écrit en entier de la main de l'endosseur, celui-ci doit apposer son *bon et approuvé* conformément à l'art. 1326 C. N.; nous supposons pour cela que l'endossement n'émane pas de marchands, laboureurs ou gens de journée. L'art. 1326, à mon avis, n'est pas applicable en notre matière, parce qu'il parle des billets ou simples promesses, or, il est impossible de faire rentrer en ces termes l'endossement qui exige le concours de trois personnes : l'endosseur, le porteur et le tiré ou souscripteur. La loi qui régit l'endossement parle si peu de la mention de la somme en toutes lettres qu'elle ne parle même pas de la signature de l'endosseur sans laquelle cependant il n'y a pas d'endossement possible. On arriverait, dans le système qui admet ici l'application de l'art. 1326 à ce résultat bizarre que l'énonciation de la somme en toutes lettres qui n'est pas exigée quand l'endossement est écrit en entier de la main de l'endosseur, le serait quand il a été écrit par une main étrangère. (V. Bravard, t. III, p. 159 et 160. — Paris, 13 mai 1865).

Nous allons dire quelques mots de l'endossement signé par procuration. Dans les grandes maisons de commerce, notamment dans les banques, il est impossible que les chefs signent tous les effets, aussi ce travail est-il confié à des commis qui signent le papier par procuration. Après avoir écrit les mentions qui constituent l'endossement, celui qui l'opère ajoute : *Par procuration de M. X...*, ou par abréviation : *P. P*[on]. Ainsi le mandant se trouve obligé envers les tiers; quant au mandataire, il ne répond que de l'étendue et de l'existence du mandat, On se sert quelquefois des expressions *pour un tel* au au lieu de *par procuration;* mais c'est un tort, car elles sont mal vues dans le commerce et si elles se trouvent sur un billet à ordre de la Banque de France, elles constituent une irrégularité empêchant le paiement.

SECTION TROISIÈME.

Des effets de l'endossement régulier.

L'effet capital de l'endossement régulier est de rendre celui au profit duquel on l'opère propriétaire du titre ; mais cela ne peut se faire qu'autant que le transmettant est lui-même propriétaire et capable d'aliéner ou au moins qu'il a pouvoir d'aliéner. Ainsi on a décidé avec raison que la femme mariée sous le régime de la communauté n'avait pu aliéner la propriété d'un billet à ordre dépendant de la communauté, sans être autorisée de son mari, et que la nullité était opposable aux endosseurs subséquents qui avaient eu connaissance de sa qualité de femme mariée. (Cass. 7 août 1843.)

Le mandat au surplus n'a pas besoin d'être formel, il peut résulter des circonstances : ainsi, la femme d'un marchand illettré qui est dans l'habitude de faire pour lui les affaires et de signer les billets, oblige celui-ci envers les tiers porteurs de bonne foi. (Bourges 24 brum. an IX, Angers 27 févr. 1819.)

Comme on peut choisir pour mandataire un incapable, un mineur non émancipé ou une femme mariée, il suit de là que ces personnes peuvent très-bien transférer la propriété de l'effet pour autrui, sans avoir besoin d'aucune espèce d'autorisation.

Pour que l'endossement puisse avoir lieu au profit d'une société de commerce, il faut qu'il ait lieu avant la dissolution de la société; sans quoi, loin de transférer la propriété, il ne vaudrait même pas comme procuration et l'effet devrait être restitué au propriétaire. (Bruxelles 30 décembre 1829.)

Quand l'endossement est causé valeur en compte, il est régulier et comme tel translatif de propriété. C'est la loi qui le dit; mais cela est-il vrai d'une manière absolue ? M. Pardessus (t. II, nº 350) dit que l'endosseur est complétement dessaisi ; mais il ajoute une restriction, c'est qu'il peut avant de payer exiger le compte qu'il suppose. Quant aux tiers porteurs, cette condition ne peut leur être opposée ; mais peut-elle l'être au porteur ? Il faut répondre non, parce que ce serait là donner un moyen de retarder le paiement d'une dette légitime à l'échéance, en réclamant l'apurement. (Tr. de com. de Marseille 31 mai 1864.)

La transmission des effets de commerce en compte courant n'a lieu que sous la condition d'encaissement. Nous allons voir qui peut s'en prévaloir et s'il n'y a pas des cas où le récepteur est non recevable à l'invoquer.

Le négociant qui a reçu des effets en compte courant et qui les a renvoyés au remettant pour n'avoir pas été acquittés à l'échéance, n'est censé s'en dessaisir que sous la condition qu'ils seront remplacés entre ses mains par d'autres valeurs. En conséquence, si la faillite du remettant existait au moment du renvoi, cet acte devrait être considéré comme non avenu de la part du négociant qui l'a effectué, car nul n'est présumé renoncer facilement à ses droits. Il pourra donc revendiquer à l'encontre de la masse de la faillite, sans que le syndic puisse lui opposer la contre-passation d'écritures qu'il a passée à son crédit et l'inobservation des formalités des art. 165 et suivants, parce qu'il n'a pas cessé d'être propriétaire. (Rennes 23 décembre 1861.)

L'endosseur qui a remis un effet en compte courant ne peut le revendiquer à défaut de paiement à l'échéance, s'il se trouve entre les mains du récepteur tombé en faillite. Etant devenu propriétaire, le porteur est libre d'user ou de ne pas user de la clause *sauf encaissement* qui n'a été introduite qu'en sa faveur ; elle constitue une condition résolutoire et non pas une condition suspensive, qui mette obstacle au transport de propriété de l'effet; la revendication du remettant se trouve donc manquer de base. (Rennes, 27 novembre 1867. Cass. 14 mai 1862.)

Le porteur d'effets de commerce qui lui ont été remis en compte courant et qui sont demeurés impayés, par suite de la faillite des coobligés, ne pourra être dépouillé par la faillite de l'endosseur, sous prétexte que la clause *sauf encaissement* aurait révoqué les droits du porteur de l'effet, et qu'il y aurait eu une contre-passation d'écritures au débit du remettant après la clôture du compte. Lui seul, comme dans les hypothèses précédentes, appréciera s'il lui convient d'invoquer la clause introduite en sa faveur. Il aura le droit de ne pas en user, et de produire, aux termes de l'art. 542, dans chacune des faillites, jusqu'à parfait paiement pour la valeur nominale de son titre. (Cass. 5 févr. 1861). Il n'y a qu'un cas où il devrait forcément ne figurer que comme créancier, ce serait celui où il aurait lui-même transmis l'effet à un tiers, qui, à défaut de paiement, se serait fait rembourser par lui le montant de l'effet ; s'il veut se prévaloir de la clause *sauf encaissement*, pour soutenir qu'il n'est pas devenu propriétaire des effets, il faut au moins qu'il soit en état de les représenter, sinon le crédit devient définitif. Encore pour jouir de ce recours à titre de créancier, ne faudrait-il pas que l'envoyeur fût lui-même tombé en faillite et eût payé un dividende au porteur de l'effet, car si la faillite du récepteur le poursuivait à nouveau, comme il a déjà acquitté la dette en monnaie de faillite, il paierait deux fois. C'est ce que l'art. 543 a entendu prohiber, du moins quand les divers dividendes accordés par chaque masse ne sont pas plus que suffisants pour désintéresser le porteur. (Cass. 15 mars 1848.)

Le 24 juillet 1867, la cour d'Aix a décidé que dans le cas de faillite de deux négociants, ayant entre eux un compte courant, dans lequel ils versaient les remises en effets de commerce qu'ils se faisaient réciproquement, il n'y a pas lieu à contre-passer au débit du souscripteur le montant des effets qu'il a laissé protester, et qui sont aux mains des tiers porteurs, autorisés à venir prendre leurs dividendes dans les deux masses. Cette décision est conforme aux principes que nous venons d'exposer ; mais ce que nous ne pouvons approuver, c'est la restriction suivante apportée par la cour. Il y a lieu seulement dans ce cas, dit l'arrêt, par dérogation à l'art. 543 Co. de contre-passer au débit du souscripteur le montant de la perte éprouvée par la faillite du preneur, par suite du non-paiement de ces effets, ou soit le montant du dividende payé sur ces effets au tiers porteur par la faillite du preneur. On peut s'étonner à bon droit de cette dérogation introduite à l'art. 543, et sans qu'aucun motif exprimé par la cour ne vienne en rendre compte.

Comme on peut en juger par ce que nous venons de dire, la jurisprudence est solidement fixée aujourd'hui sur les effets de la clause *sauf encaissement* en matière de transmission d'effets de commerce ; mais avant d'en arriver là, elle avait subi des variations, notamment le 9 janvier 1838 et le 27 avril 1846, par deux arrêts de la cour suprême. Elle se décidait par le motif que celui qui a reçu un effet qui est demeuré impayé, ne peut, dans la faillite, venir réclamer, à titre de propriétaire, ce qu'il a payé pour obtenir l'effet. Il ne peut, comme les autres créanciers, prétendre qu'à un dividende ; le fait qu'entre deux individus il y a eu une négociation régulière d'effets ne saurait modifier la situation. Cet argument ne prouve rien, précisément parce qu'il prouve trop, car il aboutit à méconnaître le compte courant comme constituant un contrat particulier.

L'art. 136, qui déclare que l'endossement régulier est translatif de propriété, n'apporte aucune restriction au droit commun. Ainsi le 6 juin 1822, à propos d'un endossement causé valeur en compte, la cour de cassation a décidé que la cour d'appel, appréciant les circonstances, avait pu déclarer le porteur sans droit, s'il était reconnu par elle qu'il n'était qu'un intermédiaire, et que la valeur avait été fournie par un tiers. L'auteur d'un endossement, auquel le cessionnaire n'aurait pas fourni la valeur, peut, aux termes de l'art. 1184, demander la résolution de son contrat pour inexécution des conditions. Si l'effet se trouve entre les mains de tiers porteurs de bonne foi, la résolution ne pourra plus être demandée, à moins qu'on n'excepte toutefois le cas où ces tiers porteurs n'en auraient pas encore fourni la valeur ou bien auraient fourni la valeur, mais sans considération de la traite et suivant uniquement la foi de l'acheteur. (Cass. 19 vendém. an XI.)

L'endossement régulier transfère la propriété, mais il n'est pas moins certain que les juges peuvent en examiner la sincérité. Ainsi, on peut démontrer que le porteur n'est qu'un prête-nom. En matière commerciale, les juges, à l'aide de présomptions graves, précises et concordantes, peuvent déclarer que les porteurs d'effets de commerce, en vertu d'endos réguliers, n'en ont été munis qu'à titre de gage. (Cass. 10 juin 1835.)

L'endosseur, dont l'endos n'a été apposé qu'à la suite de manœuvres frauduleuses, peut se décharger de toute garantie envers le tiers porteur de mauvaise foi. (Cass. 14 avril 1836.)

Le titre à ordre peut parfaitement être sous condition ; il en est de même de l'endossement, seulement, dans la pratique, on usera peu d'une faculté dont l'effet immédiat sera d'entraver la circulation du titre. Cependant elle aura son utilité, par exemple, quand l'acheteur d'un immeuble réglera son prix en billets à ordre, pour se mettre en garde contre les évictions qui proviendraient du chef de créanciers hypothécaires et ne pas s'exposer à payer deux fois, il agira prudemment en subordonnant le paiement à la purge des hypothèques qui peuvent grever l'immeuble. (Paris, 27 févr. 1864.)

Pour avoir date certaine vis-à-vis des tiers, l'endossement n'a pas besoin d'être enregistré ; mais pour attaquer sa date, il n'y aura pa besoin de s'inscrire en faux. (Bruxelles 16 janvier 1830.)

L'endossement, pour être valable, n'a pas besoin d'avoir été consenti pour une valeur égale à la valeur nominale de l'effet ; il suffit qu'il apparaisse qu'on a voulu opérer un transport réel et sérieux. La lettre varie quant à sa valeur, suivant le plus ou moins de proximité de l'échéance, le plus ou moins de solvabilité des divers obligés.

Nous avons vu que l'endossement, quoique régulier dans les rapports des parties entre elles, pouvait n'être pas translatif de proprieté, par exemple, n'être que constitutif de gage suivant les conventions qui ont eu lieu entre elles. En conséquence, lorsque les billets à ordre revêtus d'un endossement translatif de propriété se trouvent dans le portefeuille du failli, le commettant qui les a transmis doit être admis à les revendiquer, s'il justifie que, malgré la régularité de l'endossement, ils n'avaient été envoyés que pour en opérer le recouvrement. Il y a lieu dans ce cas à l'application de l'art. 574 Co. qui, général dans ses termes, ne fait aucune distinction entre les diverses formes d'endossement d'effets de commerce ; la preuve pourra se faire par tous les moyens possibles. (Cass. 12 mars 1867.) Seulement si les effets avaient été remis en compte courant, et sans distinguer alors s'ils ont été remis par un endossement régulier ou irrégulier, cette preuve ne serait pas admissible sous prétexte qu'ils n'auraient été remis qu'à l'encaissement, parce que leur entrée dans le compte courant leur donne une affectation spéciale qui dessaisit le remettant. (Colmar, 3 août 1864. Rennes, 27 novembre 1867. M. Demangeat sur Bravard. *Faillites* p. 524.)

Quand des conventions de cette nature auront eu lieu, elles permettront au tiré ou au souscripteur d'opposer au porteur de l'effet les exceptions opposables à son cédant; par exemple si le billet a été souscrit pour une dette de jeu, il pourra repousser le cessionnaire du preneur. (Cass., 12 janv. 1842.)

Il a été jugé que, si le porteur reconnaît ne détenir l'effet qu'à titre de mandat ou de nantissement, le souscripteur pourra lui opposer les exceptions personnelles à l'endosseur. Cette décision va d'elle-même, du moment que le porteur reconnaissait n'être pas propriétaire de l'effet; mais que faudrait-il décider s'il élevait la prétention contraire? Devrait-on admettre le souscripteur ou l'accepteur à prouver qu'il n'est pas propriétaire? Un endossement ne fait pas tellement foi qu'on ne puisse contester la sincérité des énonciations. Ainsi on a décidé avec raison, le 28 mars 1821, (Cour cass.), que l'endossement qui est écrit d'une main autre que celle de l'endosseur, est considéré comme n'existant pas, s'il est prouvé que cet endos a été apposé au-dessus de la signature en blanc sans participation du signataire, lorsqu'il y a des présomptions de croire que ce signataire, qui était une femme, n'avait pas l'intention de négocier ces effets et qu'ils ne l'ont été que par le mari. Cependant M. Dalloz, *Rép. Effets de comm*, n° 441, semble admettre que le mandat ne peut être prouvé par témoins, parce que, contrairement à l'art. 1341, ce serait prouver contre et outre le contenu aux actes; mais on peut répondre que cette règle est sans application aux lois du commerce, suivant lesquelles la preuve testimoniale est de droit quand elle n'est pas exclue par un texte formel. La Cour suprême s'est donc écartée des principes le 16 mai 1829, quand elle a décidé que l'endossement régulier transmet tellement la propriété au tiers-porteur que l'on ne pourrait admettre la preuve par témoins sur la plainte en abus de confiance contre le preneur et le porteur, à l'effet de prouver qu'ils se sont appropriés le montant du billet qui ne leur avait été confié que pour en opérer le recouvrement. La violation des principes était d'autant plus flagrante, et en pratique il en sera presque toujours ainsi, qu'il y avait dol; or, en droit civil comme en droit commecial, le dol peut toujours être prouvé par témoins (1).

Suivant M. Massé (*Note* sur l'arrêt du 12 janv. 1842), il est douteux que le souscripteur d'un billet à ordre, le tireur ou l'accepteur d'une lettre de change, puissent se prévaloir d'un droit semblable. En créant ou en acceptant un effet à ordre, ils se sont soumis à payer à quiconque se présenterait comme propriétaire sérieux et véritable auquel ils ne pourraient opposer des exceptions personnelles à l'endosseur. Admettre les souscripteurs d'effets au droit de discuter les endossements, ce serait exposer à un danger réel la fixité et l'irrévocabilité des

---

(1) V. en ce sens, Angers, 4 juin 1829, MM. Chauveau et Faustin-Hélie, *Th. du code pén.*, t. VII, p. 380. M. Mangin, *De l'act. publ.*, t. I, n° 173. M. Bonnier, *Traité des preuves*, n° 93, p. 90. En sens contr. Cass. 10 et 11 juin 1835, 6 avril 1841. Merlin, *Quest. de dr.*, v° *Dernier ressort*, § 18.

opérations commerciales et ébranler le crédit particulier. La convention, par laquelle l'endosseur ne remet l'effet au porteur qu'à titre de gage ou pour le négocier, est une opération qui n'intéresse qu'eux, et que le débiteur n'a pas le droit de rechercher dès qu'on lui présente un endossement régulier. (Cass., 17 mars 1829.) Nous ne pouvons suivre ce système, parce qu'il nous conduirait à décider que le porteur, qui veut se soustraire aux exceptions que le souscripteur peut lui opposer, n'aurait qu'à passer un endossement régulier à un tiers, qui reconnaîtrait au besoin sa qualité de mandataire dans un acte séparé. D'ailleurs, le souscripteur, en s'obligeant par un titre à ordre, a renoncé à opposer, non pas tant au porteur, les exceptions opposables à l'endosseur, qu'au véritable propriétaire du titre; or, pour savoir qui est revêtu de cette qualité, il faut admettre les moyens de preuve organisés par la loi.

C'est par application du principe défendu par M. Massé que le Parlement de Douai, le 12 mars 1783, a admis, sur la plaidoirie de Merlin, que le débiteur d'une lettre ne pouvait forcer le porteur qu'il soupçonne être un prête-nom de l'endosseur, à affirmer par serment la sincérité de l'ordre passé à son profit. Ceci était d'autant plus remarquable que dans l'espèce le porteur se déclarait prêt à jurer. (Merlin, *Rép.* v° *Endoss.* n° IV). Le porteur qui présente un endossement régulier en sa faveur doit être admis à réclamer le paiement, sauf l'effet des exceptions, s'il y a lieu; seulement sur la question du serment, comme le décide Merlin et comme l'a du reste jugé un arrêt du 30 frim. au XIV, on ne pourrait plus aujourd'hui admettre le même système qu'autrefois, parce qu'aucune disposition du Code de commerce n'a dérogé aux art. 1358 et 1360 C. Nap., qui admettent la délation du serment décisoire sur toute espèce de matières. Le jugement contraire du tribunal de commerce de Marseille, du 20 juin 1831, nous semble une erreur.

Quant à l'interrogatoire sur faits et sur articles, les juges peuvent ne pas l'ordonner quand ils sont sûrs de la bonne foi du porteur, autrement on retarderait inutilement les poursuites. (Cass. 3 fév. 1819.)

Cet arrêt donne la même décision quand il s'agit du serment et quand les juges n'ont aucun doute sur la bonne foi du porteur.

Il peut y avoir plusieurs exemplaires de la lettre de change; celui qui se rendra acquéreur devra se faire remettre les divers exemplaires, afin que l'endosseur ne les passe pas à l'ordre de nouveaux porteurs. S'il y avait plusieurs exemplaires acceptés aux mains de différentes personnes, il y aurait en réalité plusieurs lettres de change, et le tiré subissant les conséquences d'une faute lourde, devrait les payer toutes : si un seul était accepté, le tiré ne devrait payer qu'à son détenteur. L'usage des copies de lettres de change n'étant pas défendu se trouve par là même permis; mais celui qui créera une copie devra en faire mention, il devra mentionner ces mots *jusqu'ici copie* après le dernier endossement, autrement, s'il les insérait avant l'endossement qu'il a passé au porteur, celui-ci, par abus, pourrait négocier l'original d'un côté et la copie d'un autre côté aux tiers qui croiraient que ces endossements portés sur l'original s'arrêtent aux mots *jusqu'ici copie*, et que cet original, demeuré entre les mains de l'endosseur, n'a pu être négocié par le porteur. Cet inconvénient ne se présenterait pas si l'endossement apposé sur l'original était mentionné et copié, car les tiers sauraient que le porteur de la copie est en même temps nanti de l'original. C'est ce qui a été jugé par la Cour de Paris le 14 janvier 1830.

Un des effets principaux de l'endossement régulier, et dont nous avons déjà dit quelques mots dans nos généralités sur l'endossement, en le comparant à la cession du droit civil, consiste en ce que les exceptions opposables au cédant ne le sont pas au cessionnaire. Ce principe ne se trouve pas formellement écrit dans nos Codes, mais il n'en est pas moins certain, il découle nécessairement de la clause à ordre et a été admis par tous les cambistes dont l'idée se trouve exprimée avec vigueur dans ces mots de Casarégis : *Exceptio quæ obstabat cedenti vel giranti non obstat cessionnario vel giratario ex causa onerosa.* (Disc. 148, n° 19.) C'est là un des avantages les plus considérables de la lettre de change; une circulation rapide lui est assurée, ce qui n'aurait pas lieu si le porteur pouvait craindre d'être repoussé à l'échéance par des moyens que la teneur du titre ne lui aurait pas fait connaître. De là nous conclurons avec M. Massé (*Sirey* 1847, 1. 216 *note*), que le souscripteur d'un effet à ordre ne peut opposer au tiers porteur les exceptions de dol, d'erreur, d'absence de cause ou de cause illicite qu'il eût pu opposer au bénéficiaire de l'effet. Le tiers porteur n'est pas passible des exceptions opposables à son endosseur quand il les a ignorées, parce qu'il n'y a pas d'imprudence à lui reprocher en pareil cas. (Bourges, 14 juil. 1865.)

Nous n'apportons à cette règle que deux dérogations. Les exceptions de compensation et de l'art. 14 C. Nap., ne lui sont pas opposables, quand même il les aurait connues, parce que celui qui s'est obligé en vertu d'un titre à ordre y a renoncé d'avance, dans le cas où ses relations avec le porteur ne seraient pas les mêmes qu'avec le cédant. Le porteur en consentant à se rendre cessionnaire, ne s'est rendu coupable d'aucune témérité. Les exceptions de violence, de faux et d'incapacité lui sont opposables, alors même qu'il les aurait ignorées, car les deux premières sont exclusives de tout consentement, et la dernière repose sur un bénéfice accordé par la loi en vue de motifs supérieurs, et auquel on ne doit pas pouvoir se soustraire en s'obligeant par un titre à ordre. Quant à l'exception de faux, nous aurons sujet d'y revenir. Nous ne pouvons approuver un arrêt de cass. du 26 janvier 1819 qui, pour repousser le tiers porteur d'un billet souscrit par violence, s'est fondé sur ce qu'il était constant qu'il avait eu connaissance de la violence.

Le tiers porteur qui aura acquis l'effet sans avoir connaissance de l'une de ces exceptions, s'il a été prudent, aura toujours un recours efficace contre son cédant, car il n'a dû traiter qu'avec une personne honorable et solvable, et ainsi de suite jusqu'au porteur qui a acquis l'effet de l'auteur de la violence, du faux ou de l'incapable, et n'aura de recours que contre ces personnes, et dans la mesure autorisée par la loi. Les lettres de change souscrites par les mineurs sont nulles à leur égard, dit l'art. 114 Co.; il en résulte que la bonne foi des tiers porteurs est insuffisante pour couvrir le vice résultant de ce que de tels effets ont été souscrits par eux. C'est ce que

Pothier enseignait quand dans son *Contrat de change*, n° 28, il décidait que la lésion est une cause générale de restitution pour les mineurs. (Cass. 26 novembre 1861 et 19 févr. 1856.) Le tribunal de commerce est compétent pour connaître des exceptions proposées devant lui, alors même qu'elles doivent être décidées par les principes du droit civil, si elles ne soulèvent pas de contestation sur l'état des personnes, mais seulement sur la capacité attachée à cet effet. Mais après avoir annulé un effet souscrit par un mineur dont l'état n'est pas contesté, le tribunal ne saurait se déclarer compétent pour connaître de la demande subsidiairement formée par le porteur en remboursement des fournitures ou avances faites au souscripteur, cette demande n'ayant pas un caractère commercial. (Toulouse, 9 août 1860.)

En principe, les exceptions opposables au cédant ne le sont pas au porteur : ainsi le souscripteur d'un billet causé *valeur reçue en remplacement militaire*, ne peut opposer au porteur de bonne foi qu'il ne doit rien, attendu que le remplacement militaire n'a pas eu lieu, et qu'il y a absence ou cessation de cause. (Cass. 3 fév. 1847.)

Décider autrement que ne l'a fait la Cour suprême, ce serait obliger le tiers porteur à vérifier l'exactitude de l'énonciation de la valeur fournie, ce qui serait souvent impossible à cause de l'éloigement du lieu de la négociation. Ce serait dans nombre de cas mettre un obstacle absolu à la circulation.

Bien que le billet à ordre ait pour cause un abonnement à un journal, le souscripteur ne peut se refuser au paiement entre les mains du tiers porteur sur le motif que l'abonnement ne lui serait pas régulièrement servi et qu'il n'aurait pas reçu la prime promise. (Tr. de com. de la Seine, 17 mars 1865.)

Le souscripteur d'un billet à ordre ne peut être admis à opposer au tiers porteur de bonne foi, qu'il n'en a pas touché la valeur et qu'il n'aurait été mis en circulation que par suite de manœuvres frauduleuses auxquelles d'ailleurs ce porteur est demeuré complétement étranger. (Cass., 5 août 1807. Tr. de comm. de la Seine, 8 juin 1865.)

La nullité de billets à ordre souscrits pour dette de jeu, ne peut être opposée aux tiers porteurs de bonne foi saisis par un endossement régulier quand ils n'ont pas eu connaissance de la cause illicite dont ils étaient infectés. (Paris, 27 novembre 1858.) Celui qui a souscrit des billets à ordre causé *valeur en marchandises* ayant manifesté aux tiers l'intention de faire acte de commerce, ne peut être admis à prétendre à l'effet d'être déchargé des conséquences qui en résultaient, que ces billets ainsi souscrits par lui ne sont que des billets de complaisance et qu'ils n'avaient aucune cause commerciale. (Paris 17 mars 1860.) L'acheteur d'immeubles hypothéqués qui a souscrit des billets à ordre causés pour vente d'immeubles sera tenu de payer entre les mains du tiers porteur de bonne foi, malgré l'existence de créanciers inscrits et même le paiement qu'il leur aurait fait de son prix dans un ordre ouvert sur les immeubles. (Cass. 2 mai 1836). On trouve cependant d'assez nombreuses décisions des cours impériales qui décident la question contre les tiers porteurs. (Bourges 17 avril 1832.) Les acquéreurs d'immeubles qui souscrivent des billets à ordre en paiement de leur prix de vente, pour ne pas s'exposer à payer deux fois, feront donc bien d'énoncer formellement dans les billets que le paiement sera subordonné à la purge des hypothèques qui grèveront les biens vendus. (Paris, 27 févr. 1864.)

Nous venons de passer en revue des hypothèses dans lesquelles les exceptions n'étaient pas opposables aux tiers porteurs qui les avaient ignorées; nous allons maintenant étudier des hypothèses où les exceptions leur étaient opposables parce qu'ils les avaient connues.

Le porteur de billets à ordre souscrits au profit d'une femme mariée légalement autorisée par l'acquéreur de l'un de ses immeubles dotaux en paiement du prix, qui devait être employé à acquitter les réparations faites à un autre immeuble dotal, n'est pas fondé à exiger le paiement de ces billets, lorsqu'il a su qu'ils avaient été transmis par la femme à un entrepreneur supposé dans le but de se soustraire à la condition d'emploi. (Cass., 19 mars 1860.)

Le billet à ordre qui a pour cause une dette de jeu est nul et le tiers porteur ne peut exiger le paiement, s'il connaissait le vice originaire du titre. (Paris, 25 août 1860.)

L'exception de supposition de lieu quand la lettre de change n'est pas l'exécution du contrat de change, est opposable aux tiers porteurs qui ont eu connaissance de la simulation; le souscripteur de pareils effets est recevable à prouver l'absence de remise de place en place quand même il aurait participé à la simulation, parce qu'il y a là une fraude à la loi qui sera d'autant mieux réprimée, qu'un plus grand nombre d'individus pourra s'en prévaloir. (Agen, 1er février 1860).

L'exception de nullité d'une lettre de change résultant de ce que l'effet a été souscrit par un mineur commerçant, pour une créance étrangère au commerce, est opposable au tiers porteur de l'effet s'il a connu le vice dès le moment de l'endossement qui lui a été fait. (Rouen 17 novembre 1855.) L'endossement par une femme mariée sans le mandat et sans l'autorisation de son mari, est nul non-seulement à l'égard du cessionnaire immédiat, mais encore à l'égard des cessionnaires ultérieurs, quand ils ont eu connaissance de l'état de la femme, et par conséquent, de son incapacité, a-t-il été décidé le 7 août 1843 par la Cour suprême. Cette décision, bonne en elle-même, nous semble donner prise à la critique en ce que la Cour n'avait pas besoin de s'appuyer sur la mauvaise foi des tiers porteurs; eussent-ils ignoré l'incapacité de la femme, que l'exception leur eût été opposable, autrement les incapables pour se soustraire à la protection de la loi n'auraient qu'à souscrire des effets à ordre. Dans une espèce qui s'est présentée, on a avec raison décidé que la femme mariée qui s'était présentée vêtue en deuil chez un tiers auquel elle avait fait part faussement de la mort de son mari, ne pouvait se prévaloir de son incapacité, cette solution était exacte parce que dans l'espèce il y avait délit, 1310 C. N.

Le propriétaire de traites envoyées pour en opérer le recouvrement à une maison de commerce alors déclarée en faillite, mais dans l'ignorance de cet événement, peut, si la maison faillie négocie les traites, les revendiquer contre tous tiers qui les détiennent par suite de cette négociation. (Cass., 24 juin 1834.) Dans ce cas la solution est la même que quand l'endossement a eu lieu par une femme mariée, car il s'agit d'une exception d'incapacité.

L'endossement n'étant qu'un mode de cession des créances à ordre, il suit de là qu'avec la créance, les accessoires passeront sur la tête du porteur, il en sera ainsi notamment des hypothèques. Cette opinion est consacrée par la jurisprudence (1).

M. Cabantous dans une note insérée sur l'arrêt de 1838 dans le *Recueil de Sirey* a combattu l'opinion de la jurisprudence, qui n'avait pas été suffisamment motivée par la Cour de cassation. M. Cabantous objecte que l'endossement ne saurait transférer que des droits mobiliers, or l'hypothèque est un immeuble. L'objection est facile à réfuter : le même effet n'est-il pas produit par la cession du droit civil : 1692, C. Nap. ? Ici c'est la même chose qui a lieu, l'endossement n'est qu'un mode de cession dérivant de la clause à ordre, ce n'est pas un privilége accordé par la loi et qu'il faille restreindre dans ce doute. Nous avons une créance ordinaire, modifiée en ce sens qu'en insérant la clause à ordre, le débiteur a accepté par avance tout cessionnaire du créancier, mais quant au surplus cette cession demeure subordonnée aux principes généraux.

Réunir deux garanties comme celles-ci : la solidarité dont sont tenus les signataires de la lettre et l'hypothèque, ce serait faire plus que le législateur de messidor an III, qui avait, au cas où la lettre serait garantie par

---

(1) V. Cass., 21 févr. 1838. MM. Troplong, *De la vente*, n° 906. Duvergier, *De la vente*, n° 212. Aubry et Rau, *Droit civil*, t. II, p. 288.

une hypothèque, décidé qu'il n'y aurait pas de recours d'un endossement à l'autre. (Loi du 9 messidor an III, art. 36.) Cette loi, qui avait pour but de mobiliser le sol par la constitution de l'hypothèque sur soi-même, en permettant de se faire délivrer des cédules hypothécaires transmissibles par la voie de l'ordre, ferait moins que le Code, qui n'est pas imbu de ces préoccupations révolutionnaires. Il n'y a, suivant nous, rien à conclure de là, car la loi de l'an III n'a jamais reçu d'exécution. La loi admet quelquefois le cumul de garanties qui peuvent paraître surabondantes, notamment au profit du bailleur. Cette raison, fût-elle bonne, ne s'appliquerait qu'aux effets de commerce où les coobligés sont tenus solidairement; elle ne s'appliquerait pas à la créance ordinaire, où l'on aurait inséré la clause à ordre.

M. Cabantous a élevé diverses objections contre notre solution, pour le cas où le tiers détenteur voudrait purger, provenant des complications qu'amènera l'endossement; mais dans son arrêt du 30 décembre 1850, la Cour de cassation y répond en termes excellents : « Considérant, dit-elle, que si l'incertitude du tiers porteur peut entraîner quelques difficultés dans les notifications de la purge et pour le paiement des dettes et charges hypothécaires, ces difficultés ne sont point réelles et ne peuvent surtout aggraver la position du débiteur et de l'acquéreur qui veut purger; que, d'une autre part, il n'est tenu de notifier qu'aux domiciles élus dans les inscriptions, et que, de l'autre, il pourra toujours se libérer, fût-il obligé de recourir au moyen de la consignation; qu'en effet, le tiers détenteur, qui ne connaît que les inscriptions, n'a de relations à nouer qu'avec les créanciers qu'elles indiquent, et que c'est aux porteurs d'effets négociables à se plier aux règles fondamentales du régime hypothécaire dont ils revendiquent les bénéfices. (V. Marcadé, *sur l'art.* 1692, III.— Merlin, *Quest. de dr.*, *v° Hypothèque*, § 18.)

On peut ajouter, dans notre sens, que si la transmission des garanties accessoires n'avait pas lieu par l'endossement, il faudrait en arriver à dire que l'hypothèque stipulée peut n'appartenir à personne, puisque l'ancien titulaire, ayant cessé d'être créancier, ne peut plus s'en prévaloir, et que le porteur ne l'a point acquise. Or, on recule devant un résultat si diamétralement opposé au crédit commercial. (Dijon, 5 août 1858.)

Nous allons nous demander quel effet produirait, vis-à-vis du porteur de la lettre, la radiation de l'hypothèque faite sans concours et du seul consentement du créancier primitif. Si la radiation est antérieure à l'endossement, pas de difficulté : le créancier a renoncé à un droit dont il avait la libre disposition. Si elle est postérieure, vis-à-vis de celui qui a hypothéqué son immeuble à la dette, débiteur ou caution réelle, peu importe, elle ne peut produire d'effet, car il connaissait la cause de l'hypothèque et devait se faire représenter la lettre par le créancier. La solution pour les tiers qui auraient acquis de nouvelles hypothèques ou se seraient rendus acquéreurs de l'immeuble devra être la même, attendu qu'en se reportant à l'inscription, comme ils ont dû le faire, ils ont vu la nature du titre et appris qu'il pouvait ne plus se trouver dans les mains du créancier primitif, sans qu'aucune formalité ne fût venue les prévenir. (2148, 3°, C. Nap.) Nous avons vu que l'endossement passé à l'étranger pouvait avoir lieu suivant les formes usitées dans le pays, d'après la règle *locus regit actum*. Cet endossement, en France, devra être considéré comme translatif de propriété, alors même qu'il faudrait lui refuser cet effet, si on l'envisageait au point de vue de la loi française. (Merlin. *Rép.*, *Lettre de chang.*, § 2, n° 8.) Le 29 avril 1844, la Cour d'Aix a jugé notamment qu'un endossement causé *valeur reçue* devait être considéré comme translatif de propriété, parce qu'il avait été passé en Angleterre où le simple endossement en blanc suffit pour transférer la propriété. Quand un titre à ordre est créé dans un lieu et payable dans un autre, l'endossement, tant qu'il a lieu dans le pays où le titre a été créé, est régi par la loi de ce pays et non par celle du pays où il a été déclaré payable. Il en résulte que si l'endossement en blanc ne vaut que comme procuration d'après cette loi (la loi belge), le tiré peut opposer au porteur toutes les exceptions dont il peut se prévaloir contre le tireur, bien qu'aux termes de la législation du lieu où le titre est payable (la loi anglaise), l'endossement en blanc suffise pour opérer le transport de la propriété du titre. Paris, 25 janv. 1868.

Nous allons nous occuper des effets de différentes clauses qui, dans la pratique, viennent s'apposer dans l'endossement.

Quel est l'effet de la clause *sans garantie* dans un endossement régulier ? Elle n'affranchit pas l'endosseur de la garantie de droit, elle ne dispense que de la garantie relative à la solvabilité, c'est ce qui a été jugé dans le cas où un endosseur avait transmis la lettre le lendemain de la faillite du tireur. (Cass., 31 juin 1817).

Quand la clause *sans garantie* a été apposée sur u billet à ordre par le souscripteur lui-même, il n'y a pas besoin qu'elle se trouve répétée dans chaque endossement successivement, parce que tous ceux qu'un endossement rend porteurs de l'effet, savent sous quelle condition il a été souscrit, et sont dès lors obligés de se soumettre à une condition qu'ils ont acceptée.

On peut insérer dans l'endossement la clause : *retour sans frais;* malgré son insertion, le porteur devra prévenir son endosseur, dans un délai convenable, du non-paiement de l'effet, sans quoi il pourrait se trouver déchu, si son endosseur ne se trouvait plus en temps utile pour recourir contre ses garants. (Lyon, 22 août 1867).

Il s'est introduit une clause très-fréquente dans le commerce marseillais et qui, depuis, s'est propagée sur la place de Paris, nous voulons parler de la clause *à forfait*. Un commerçant qui a vendu des marchandises fait régler son prix en billets; mais quand il les négociera pour se soustraire à toute éventualité fâcheuse, il insérera la clause *à forfait*, et moyennant une prime qui variera, il se trouvera exonéré. Le taux du forfait varie suivant le plus ou moins de crédit du souscripteur du billet. Quand le taux du forfait est très-élevé, cela indique à la maison débitrice de l'effet qu'elle a trop créé de papier et qu'elle a dépassé la mesure de son crédit, sans quoi celui qui voudrait se soustraire à la garantie de son papier, s'y soustrairait à meilleur marché. Le taux très-bas du forfait peut quelquefois indiquer que celui qui se soustrait à la garantie est d'une solvabilité équivoque, on lui fait payer bon marché un service qui n'est pas compromettant pour le porteur qui l'accorde.

Le forfait se pratique à Marseille pour les meilleures signatures, aussi est-ce l'orgueil d'une maison de commerce quand son forfait ne s'élève pas à plus de 1 p. 100 ou de 1 1/2 p. 100 au-dessus du taux de la Banque (1).

Cette clause dispense bien de la garantie de la solvabilité du débiteur de l'effet. Mais elle ne saurait dispenser de garantir l'existence de la créance. Il a été jugé par la Cour d'Aix, le 8 janvier 1867, que l'insertion de la clause *à forfait* ne saurait soustraire l'endosseur à la garantie de la solvabilité du débiteur de l'effet quand la négociation a eu lieu alors que celui-ci avait suspendu ses paiements et que cette circonstance était connue du cédant ; dans ce cas, la créance n'est pas inexistante, mais la solution n'en est pas moins bonne, parce que le cessionnaire à forfait n'entend se charger que d'un risque et non d'une créance réputée mauvaise. Le 31 mai 1864, la Cour de cassation a consacré les mêmes principes dans l'espèce suivante : Un négociant avait souscrit des billets à l'ordre d'un commissionnaire, qui devait lui livrer des sucres. Un des billets fut négocié à forfait à un tiers, mais deux jours après survint la suspension des paiements du souscripteur, et un peu plus tard sa faillite. Le tiers porteur ne fit point protester le billet à l'échéance, et produisit à la faillite du souscripteur où il reçut un dividende. Le lendemain de la négociation de l'effet au tiers porteur, qui était aussi la veille de la suspension des paiements, un arrangement avait été conclu entre le commissionnaire et les liquidateurs de la maison qui

(1) V. *Dictionnaire du commerce et de la navigation*, v° *Marseille*.

avait souscrit les billets, aux termes duquel la livraison des sucres ne serait pas effectuée à cette maison, et les billets souscrits par elle lui seraient rendus, ce qui fut exécuté sauf pour le billet déjà négocié au tiers porteur, qui fut remplacé par d'autres billets sur la même maison d'une valeur égale, mais souscrits pour d'autres causes. Le tiers porteur assigna le commissionnaire, son endosseur en paiement du billet offrant de lui tenir compte du dividende qu'il avait reçu dans la faillite ; son motif était que, par suite de l'arrangement, le billet était devenu sans cause, et que la clause à forfait ne pouvait le soustraire à garantir l'existence de la créance. On soutint pour l'endosseur qu'il était libéré par défaut de protêt, mais cette prétention fut rejetée. Si la créance avait été inexistante, la solution aurait été bonne; mais il n'en était pas ainsi à notre avis. On s'est fondé sur ce que la cause de la créance n'existait pas ; là est l'erreur, suivant nous, car peu importe au tiers porteur la cause de l'obligation, puisqu'elle ne lui donne aucun droit d'action. Dans l'espèce où le billet était causé *valeur en marchandises* sans rien spécifier, le porteur devait être déclaré non recevable à prétendre comme il le faisait, que l'arrangement conclu venait lui enlever ses droits et que le commissionnaire ne pouvait se trouver exonéré des conséquences de son fait personnel, parce qu'il n'y avait pas eu de protêt. La Cour de cassation n'a pas été aussi loin que la Cour d'Aix dans son arrêt du 22 novembre 1861, elle ne s'est pas attachée à la cessation de la cause qui importait peu, puisque le tiers porteur n'en conservait pas moins ses droits; elle a vu dans l'endossement d'un billet causé *valeur en marchandises*, la cession d'une créance munie d'un privilége sur les objets vendus, au cas où ils auraient été livrés, et d'un droit de rétention dans le cas contraire. La convention intervenue avant la livraison des sucres privait l'endosseur de son droit de rétention, la créance n'existait donc pas dans les conditions où elle avait été cédée, ce qui, de l'aveu de tous, donne lieu à la garantie. Il est inadmissible qu'une cause aussi générale que celle-ci : *valeur en marchandises* sur des marchandises que rien ne spécifie, puisse donner naissance à quelque droit sur elles au profit du porteur. Le porteur ne peut se plaindre, puisqu'il n'a dû compter que sur une action personnelle contre le débiteur de l'effet, et si elle ne se trouve pas garantie par l'endosseur, ce n'est que le résultat de la convention à laquelle il s'est soumis. La doctrine admise par la jurisprudence nous semble contraire à la circulation des effets de commerce, par les difficultés auxquelles elle exposerait le premier cédant, dans le cas où les conditions de la vente à livrer auraient été ultérieurement modifiées, ce qui ne sera pas rare eu égard aux diverses éventualités qui peuvent se présenter.

Il est incontestable que les endosseurs peuvent, comme le tireur lui-même, indiquer un tiers pour payer au besoin ; seulement, il y a grave controverse sur le point de savoir si l'art. 173, suivant lequel le protêt doit être fait au domicile des personnes indiquées par la lettre de change pour la payer au besoin, s'applique aux besoins indiqués par les endosseurs comme aux besoins indiqués par le tireur. Nous pensons, avec la jurisprudence unanime des tribunaux de commerce et avec la doctrine générale des auteurs, que le protêt doit être fait au domicile des uns et des autres ; mais, en cela, nous sommes en désaccord avec la jurisprudence des cours impériales et de la Cour de cassation. (Cass., 29 juillet 1850. — Paris, 24 mars 1866.)

L'art. 173 nous paraît absolu dans ces termes : *au domicile des personnes indiquées par la lettre pour payer au besoin*; or, l'endossement, quand on ne l'oppose pas au corps de la lettre, fait partie de la lettre elle-même. D'ailleurs, en raison, si l'art. 173 doit s'appliquer au besoin indiqué par le tireur, il doit s'appliquer à celui indiqué par l'endosseur, puisque vis-à-vis des porteurs subséquents l'endosseur est un véritable tireur. L'article 174 est bien conçu dans cet esprit ; il nous dit que l'acte de protêt doit contenir la copie littérale de la lettre de change, des endossements, des recommandations. Ce dernier mot, employé au pluriel, ne signifie-t-il pas qu'outre celle du tireur, il peut y en avoir de la part des endosseurs, car on ne peut guère supposer que le tireur indique plusieurs besoins ; il y a mieux : un jugement du 17 novembre 1836, du tribunal de commerce de la Seine, consacrant notre solution dans des motifs pleins de force et de lucidité, constate que, hors quelques cas extrêmement rares, les tireurs de lettres de change n'indiquent pas de besoins sur celles qu'ils créent. L'objection, tirée de la multiplicité des protêts à faire par le porteur, se réfute par cette considération, qu'il ne se trouve que dans la situation où il a bien voulu se placer.

Quand un porteur a reçu de bonne foi, en en payant la valeur, une lettre d'un tiers qui n'en était porteur qu'en vertu d'un endossement faux, s'il n'est pas payé à l'échéance, il ne pourra recourir contre les véritables endosseurs qui précèdent le faux. Si un endossement avait été apposé sur un titre par un individu se présentant comme le mandataire du bénéficiaire avec lequel il n'a eu aucune espèce de rapports, les endossements successifs qui auraient eu lieu sur la foi de cette supercherie ne pourront faire cesser le droit du véritable propriétaire, pas plus que quand l'endossement est faux. Mais permettraient-ils au véritable propriétaire de la lettre de se faire payer une seconde fois par le tiré qui a désintéressé le tiers porteur? Le 16 juillet 1846, la question a été tranchée dans le sens de la négative par la Cour de Paris, qui, en cette circonstance, s'est bornée à faire l'application de l'art. 145 Co., aux termes duquel celui qui paie une lettre de change à son échéance et sans opposition, est présumé valablement libéré. La même solution doit être donnée quand, au lieu d'une fausse procuration, nous avons un faux endossement ; mais si avant l'échéance le vrai propriétaire de l'effet avait formé opposition entre les mains du souscripteur ou du tiré, celui-ci devrait se refuser à le payer. C'est ce qui a été jugé par le Tribunal de commerce d'Angers, le 20 juin 1853, et par la Cour suprême, le 30 mars 1853. Si on ne peut opposer en général au porteur les exceptions qu'on eût pu faire valoir contre son cédant, il en est autrement lorsqu'il n'y a pas eu de transmission. Or, telle est notre hypothèse, puisque l'endossement indiqué comme ayant opéré transport de la propriété du cédant au tiers porteur de bonne foi étant faux, la transmission en réalité n'a pas eu lieu. La loi a été parfaitement sage en adoptant ce système ; elle a respecté autant que faire se pouvait les droits des divers intéressés.

Quand il n'y a pas opposition, on ne pouvait permettre au tiré, sous le prétexte le plus insignifiant, de refuser le paiement ; y eût-il vol, le véritable propriétaire serait en faute pour n'avoir pas fait opposition, tandis que le débiteur qui a payé, si la fraude a été consommée avec un peu d'habileté, comme cela arrive presque toujours, n'aura aucune faute à se reprocher. En présence de telles éventualités, les effets de commerce n'auraient plus été reçus comme de l'argent, leur circulation aurait été entravée dès le principe. S'il y a faute de la part du tiré à avoir payé, on en fera la preuve, et l'effet de la présomption cessera. Lorsqu'il y a opposition, le tiré doit s'arrêter jusqu'à ce qu'il ait été statué sur le mérite de l'opposition, afin de ne se libérer qu'en mains sûres. Dans ce cas, on ne pouvait préférer le tiers porteur de bonne foi, c'eût été dépouiller le vrai propriétaire et donner au vol tous les encouragements possibles. Le tiers porteur, au surplus, ne sera pas en perte, s'il a été prudent, car il doit connaître son cédant et ne recevoir l'effet que d'une personne honorable et solvable. La jurisprudence consacre en général les solutions que nous venons de donner sur ces difficultés : nous ne rencontrons qu'un arrêt contraire du 30 janvier 1850, qui, heureusement, n'était pas appelé à faire jurisprudence. Il décide que le porteur de bonne foi d'un billet à ordre qui l'a reçu, en en payant la valeur, d'un tiers qui n'en était porteur qu'en vertu d'un endossement faux, a un recours contre les véritables endosseurs qui précèdent le faux, lorsqu'à l'échéance le montant du billet n'est pas payé par le souscripteur, alors surtout que les endossements consentis par ces endosseurs constatent qu'ils ont reçu la valeur de l'effet. — Le fait du faux ne suffisant pas pour dépouiller le porteur qui en a été victime, on en arrive, dans ce système, à rendre les endosseurs antérieurs au faux responsables envers deux personnes et sujettes à payer deux fois, à moins qu'on ne veuille refuser au vrai propriétaire le droit d'agir.

On a décidé avec raison que le tiers porteur de bonne foi, auquel une lettre de change volée a été négociée par un faux endossement et qui en a compté la valeur, n'a aucun recours contre le légitime propriétaire, qui, s'étant fait délivrer une seconde de la traite, en a obtenu le paiement du tiré. (V. Dalloz, *Rép.*, *Effets de commerce*, 870.)

Le principe : *en fait de meubles possession vaut titre*, ne peut s'appliquer à des effets de commerce qui ne sont transmissibles que par endossement. La perte d'un effet de ce genre a si peu d'influence pour entraîner la perte de la propriété de l'effet, que la loi a prescrit des formalités à observer par celui qui justifie en être devenu propriétaire, et qui veut en être payé sans pouvoir le représenter. (Trib. de comm. de Marseille, 8 avril 1858.)

Celui qui ne doit la qualité d'endosseur qu'à un abus de blanc-seing, est néanmoins tenu d'en payer le montant au porteur de bonne foi ; il a toujours à se reprocher d'avoir laissé sa signature entre les mains d'une personne qui ne le méritait pas ; du reste le tiers porteur peut très-bien n'avoir consenti à prendre l'effet que sur la foi de cette signature. (Paris, 13 mai 1865.)

Quand, dans une lettre de change, le tireur et le premier endosseur sont des personnages supposés, et lorsque à défaut de paiement à l'échéance, le porteur, en vertu d'un endossement régulier, n'a pas fait protester, les autres endosseurs véritables se trouvent libérés ; le porteur alléguerait en vain que le tireur et le premier endosseur n'existant qu'en apparence, son cédant, aux termes du Code civil, doit garantir l'existence de la créance, malgré le défaut de protêt. Le fait d'avoir endossé la lettre et d'en avoir reçu le montant met le premier endosseur réel dans la situation d'un tireur. (Cass. 17 mars 1829.)

Le système suivant lequel l'endosseur est garant dans les termes du Code civil a été consacré le 20 décembre 1821 par la Cour suprême ; mais il a un inconvénient considérable, c'est d'entraver la circulation du titre, en mettant chaque endosseur dans la nécessité de s'assurer, si tous les endossements qui le précèdent sont sincères. Le porteur n'avait de recours conformément à l'art. 117 que contre le tireur, il fallait qu'il le découvrît pour s'adresser à lui, en conséquence tout ce qu'il pouvait exiger de son endosseur immédiat, c'est que celui-ci lui justifiât avoir reçu l'effet d'un cédant sérieux, et ainsi de suite en remontant jusqu'à celui qui le premier a mis l'effet dans la circulation, et a joué le rôle de tireur, en recevant le titre du faussaire, et qui supportera la peine de sa négligence.

Tant que le recours du porteur contre l'endosseur ne se trouve pas éteint par la prescription, celui-ci peut être actionné quand même le manque de diligence du porteur aurait laissé l'endosseur sans recours efficace contre le souscripteur, par suite de la survenance de l'insolvabilité de celui-ci, car tant que la créance ne se trouve pas éteinte, il demeure maître de poursuivre.

On peut se demander si l'art. 2037, aux termes duquel la caution est déchargée, lorsque la subrogation aux droits, hypothèques et priviléges du créancier, ne peut plus, par le fait de ce créancier, s'opérer en faveur de la caution, est applicable aux endosseurs d'une lettre de change ou d'un billet à ordre. Cette question se rattache à celle de savoir si cet article concerne ou non les codébiteurs solidaires. Bien qu'en ce qui concerne ces derniers nous adoptions la négative, l'art. 2037 nous a paru applicable dans l'espèce. On comprend bien que la caution qui ne s'engage pas pour elle-même, puisqu'elle n'a aucun intérêt dans la dette, s'engage en vue des sûretés qui la garantissent. Telle n'est plus la situation du codébiteur solidaire, qui s'oblige pour lui-même et par un motif qui, au regard du créancier du moins, doit être réputé intéressé. Nonobstant ces raisons, il faut appliquer l'art. 2037 à notre cas, parce que nous avons une cession. L'endosseur qui a transmis un titre muni de bonnes garanties ne peut se voir contraint de rembourser un individu, qui, par sa faute, s'est mis en état de n'être pas payé. *Qui damnum sentit suâ culpâ, damnum sentire non videtur*. Quand il s'agit de sûretés acquises par l'endosseur postérieurement à son endossement, la question, quoique controversée, ne me paraît pas faire grande difficulté. En effet, s'il est juste que le créancier conserve, dans l'intérêt de la caution ou des codébiteurs, (ce que, quant à ces derniers, nous n'admettons pas en principe), les garanties dont jouissait sa créance à l'époque où ces personnes sont devenues obligées à son égard, parce qu'elles ont pu devenir les causes déterminantes de leur engagement, l'équité n'exige nullement que le créancier conserve de même les sûretés qu'il n'a acquises que depuis qu'il est créancier, et sur lesquelles les tiers obligés à la garantie n'ont pas dû compter au moment où ils se sont engagés, parce qu'il était parfaitement libre de ne pas les acquérir. Pour étendre la responsabilité du créancier jusque là, il faudrait un texte formel ; or, ce texte n'existe pas (1).

Nous allons étudier quelques conséquences dérivant de ce que l'endossement constitue l'endosseur qui transmet ce titre à son tour débiteur éventuel envers le porteur en cas de non-paiement par le tiré.

La remise que le porteur d'une lettre de change accorde au tireur ne profite pas à l'endosseur, si le porteur toutefois a eu le soin d'en faire la réserve formelle ; car, sans cette réserve, l'endosseur, comme codébiteur solidaire, pourrait invoquer la remise aux termes de l'article 1285, qui nous dit que la remise ou décharge conventionnelle, au profit de l'un des débiteurs solidaires, libère tous les autres, à moins que le créancier n'ait expressément réservé ses droits contre ces derniers. Cette remise aura lieu, notamment en cas de faillite du tireur, quand ses créanciers lui consentiront un concordat. Dans un cas pareil, un arrêt du 11 février 1817 décide que l'endosseur ne peut pas prétendre qu'il n'est qu'une caution solidaire, et que, par la remise faite au débiteur principal, il est libéré, 1287, C. Nap. L'art. 140, Co. indique bien que l'endosseur, quand il s'agit de payer vis-

---

(1) V. Aubry et Rau, *Droit civil*, §§ 298 et 429. Cass. 27 novembre 1861. Limoges, 12 février 1862.

à-vis du porteur, est sur le même pied que le tireur; d'ailleurs, fût-il caution solidaire, il ne se trouverait pas libéré, puisqu'il ne serait pas traité comme une caution simple, mais comme un codébiteur solidaire, conformément à l'art. 2021, c'est-à-dire qu'il demeurerait tenu, puisque nous supposons que le créancier a fait des réserves à son égard.

L'endosseur qui a payé au porteur moitié de la lettre, quand il recourt contre le tireur, pouvait exercer la contrainte par corps, bien que le porteur lui en eût fait remise, parce qu'il n'agit pas comme subrogé aux droits du porteur, mais en son propre nom comme créancier en vertu de la lettre de change.

Le débiteur qui, en faisant un concordat amiable avec ses créanciers, a compris parmi ceux-ci le porteur d'un effet de commerce envers lequel il n'était tenu qu'en qualité d'endosseur, n'est pas recevable à opposer à ce créancier la nullité de l'engagement pris en sa faveur, fondée sur ce que les formalités prescrites par la loi n'ayant pas été remplies contre lui à l'échéance de l'effet, il était comme endosseur de l'effet exonéré de tout recours de la part du porteur, et n'avait promis un dividende au créancier ainsi déchu que dans l'ignorance de cette déchéance, si, en fait, le laps de temps écoulé entre l'échéance de l'effet et le concordat, et l'absence de toute notification de la part du porteur, n'ont pu laisser de doute au débiteur sur cet inaccomplissement des formalités. Mais les autres créanciers peuvent opposer cette déchéance au porteur de l'effet, et faire annuler, comme souscrit en fraude de leurs droits, l'engagement par lequel le débiteur a relevé le porteur de la déchéance encourue, et cela lors même que l'état de faillite n'est pas judiciairement déclaré, si la cessation des paiements est notoire, et qu'un liquidateur judiciaire oppose au nom de la masse cette déchéance au porteur. (Trib. de comm. de Marseille, 15 juillet 1858.)

Quand des lettres de change ont été acquittées entre l'époque de la cessation des paiements et le jugement déclaratif, il n'y a pas lieu, pour le syndic de la masse, d'intenter une action en rapport, si ce n'est contre le donneur d'ordre ou le tireur s'il s'agit d'une lettre de change, ou le premier endosseur s'il s'agit d'un billet à ordre, et encore faut-il qu'ils aient connu la cessation des paiements. (449, Co.)

L'action serait possible contre le second endosseur, s'il était établi que c'est lui qui est le véritable bénéficiaire du titre. (Angers, 25 avril 1861.) Il n'y a pas à distinguer suivant que le paiement fait au tiers porteur a eu lieu sans protêt ou après protêt. L'art. 449 est absolu dans ses termes; en outre, le bénéfice accordé aux tiers porteurs ne repose pas seulement sur cette idée que, dans le cas où le protêt n'a pas été dressé, on ferait rapporter à un créancier qui n'a reçu que ce qui lui était dû, alors que le défaut de protêt le laisserait sans recours contre les endosseurs et même contre le tireur s'il avait fourni la provision, mais encore sur la faveur due aux effets négociables qui font office de monnaie, ce qui a été reconnu dans la discussion. L'arrêt du 29 mars 1865 de la Cour de Colmar, qui n'exclut le rapport que quand le paiement a eu lieu à l'échéance et sans protêt, nous semble tomber dans l'arbitraire, car l'art. 449 ne distingue pas. Cette solution, qui n'est pas, je crois, appelée à faire jurisprudence, est repoussée par un arrêt de Paris du 1er mai 1863, et un arrêt de la Cour de cassation du 26 novembre 1855.

La règle de l'art. 449 s'applique encore, car il ne distingue pas davantage à cet égard, quand le remboursement a été fait au profit d'un endosseur, qui, ayant désintéressé le porteur, recourt à son tour contre le cédant. Les arrêts du 20 décembre 1864, de la Cour de Bordeaux, et du 8 août 1865, de la Cour de Paris, sont venus consacrer, d'une manière formelle, l'opinion contraire à la nôtre.

En cas de protêt d'un billet de commerce, l'endosseur qui en rembourse le montant au porteur, sans notification juridique ni assignation préalable, mais dans le délai accordé au porteur par la loi pour recourir contre lui, ne perd pas, par cela seul, le bénéfice du nouveau délai qu'il aurait eu personnellement pour recourir contre les endosseurs précédents, s'il n'eût remboursé qu'après des poursuites judiciaires. Ce point, qui ne faisait aucune difficulté sous l'ordonnance de 1673, n'en peut faire davantage sous le Code, qui, sur cette matière, ne s'est pas exprimé autrement que l'ordonnance. Pour exercer son recours, l'endosseur ne peut agir contre ceux qui le précèdent par l'action récursoire que dans le délai qui lui appartient de son propre chef, sans qu'il puisse prétendre aux délais non encore expirés des endosseurs postérieurs ; car il n'agit pas comme subrogé à leurs droits. Ayant payé volontairement, il a le même délai que si le protêt lui eût été notifié juridiquement avec assignation en justice. Ce délai court du remboursement légalement justifié et non de la date du protêt.

(Trib. de commerce de Marseille, 29 novembre 1866.)

Ainsi, si au lieu de l'actionner le quinzième jour, le porteur l'actionne le troisième, il ne pourra se prévaloir des douze jours pendant lesquels il eût été temps pour son successeur de s'en prévaloir (1).

L'endosseur qui a remboursé le montant d'un effet protesté, sans relever l'irrégularité du protêt et sans se prévaloir de la déchéance qui en résultait contre le porteur, est non recevable à revenir sur ce remboursement, lorsqu'il se voit opposer par un précédent endosseur le défaut d'accomplissement des formalités prescrites pour la validité du protêt (2). Le porteur d'une lettre de change tirée de l'étranger sur la France, endossée à l'étranger, puis protestée en France faute de paiement, a faculté en dénonçant le protêt à son cédant domicilié à l'étranger de l'assigner dans le lieu du paiement ou dans celui de son domicile réel. S'il l'assigne dans le lieu du paiement, il doit agir par la voie du parquet et se conformer aux prescriptions des art. 165 Co. et 59 Pr., en faisant ses notifications au procureur impérial dans la quinzaine du protêt, sauf les délais de distance pour l'échéance de l'ajournement. Si le porteur préfère assigner devant le tribunal de son domicile réel l'endosseur étranger, c'est par la voie de la citation directe et personnelle qu'il doit agir, et il a dès lors pour exercer son action le

---

(1) V. Merlin, *Questions de droit*, vº *Endossement*, § 3, Nouguier, t. II, nº 219.

(2) Cass., 22 mai 1833, Trib. de Marseille, jug. du 7 février 1850. Dalloz, *Rép. Effets de com.*, 769.

délai des distances entre le lieu du paiement de la traite et le domicile de l'endosseur. Ce délai quand l'action est déférée à l'un des tribunaux consulaires français établis dans les Echelles du Levant, doit être supputé par analogie d'après les règles établies dans l'art. 166 Co, c'est-à-dire qu'il doit être de six mois. S'il agissait devant un tribunal étranger, les délais seraient fixés par la loi du pays dont il accepte la juridiction. (Aix, 31 mars 1860.)

On sait que sous le Code de commerce, c'est une des questions les plus controversées de la lettre de change, que de savoir si les sommes appartenant au tireur dans les mains du tiré et qu'on appelle provision, sont acquises au preneur du moment de la création de la lettre de change, de telle sorte que d'autres créanciers du tireur ne puissent plus les saisir et que la faillite de celui-ci ne puisse plus enlever au preneur son droit sur les sommes détenues par le tiré. Quand il y a eu acceptation par le tiré, pas de difficulté, tout le monde est d'accord, la provision demeure définitivement affectée au paiement de la traite et le porteur en demeure propriétaire; mais la difficulté est grande quand il n'y a pas eu acceptation, la jurisprudence décide invariablement que la propriété de la provision appartient au porteur. En conséquence, il a été décidé qu'une lettre de change régulièrement endossée dessaisit le tireur avant toute acceptation, de telle sorte qu'une fois la lettre de change endossée, les créanciers du tireur ne peuvent plus en saisir le montant entre les mains du tiré. (Paris, 11 fructidor an VIII. Cass., 19 novembre 1850. Dalloz., *Rép.*, *Eff.*, *de com.*, 233.)

Pour terminer ce qui concerne les effets de l'endossement régulier, nous allons nous demander ce qui arrive quand une traite vient à passer entre les mains d'une personne déjà obligée comme signataire du titre. Quand elle arrive entre les mains du tireur, il ne pourra exercer de recours contre les signataires du titre, envers lesquels il se trouve soumis à la garantie, si on n'en excepte l'accepteur à supposer qu'il soit muni de la provision. Il y a confusion en pareil cas par la réunion des qualités de créancier et de débiteur sur une même tête. Le tireur ne pourra pas transmettre une créance qui a cessé d'exister, (1300, C. Nap.), sauf le cas où le tiré a accepté, muni de la provision ; la transmission en dehors de cette hypothèse pourrait équivaloir, si les formes voulues par la loi avaient été observées, à la création d'une nouvelle lettre de change.

Si la lettre passe entre les mains du donneur d'aval, tous les endosseurs postérieurs à l'aval seront libérés, parce que celui qui a droit à la garantie contre eux comme porteur est leur garant en tant que donneur d'aval.

La lettre peut passer par endossement entre les mains d'un endosseur, la transmission en pareil cas aura pour effet de libérer les cessionnaires intermédiaires qui séparaient les deux endossements, à moins qu'il n'ait inséré dans le premier une dispense de garantie.

Enfin la lettre peut passer entre les mains du tiré. Ici nous distinguerons : le tiré garde-t-il le titre pour lui, ou bien le tiré le transmet-il par voie d'endossement ? Et dans chacune de ces hypothèses nous sous-distinguerons, suivant que le tiré aura ou non accepté. Le tiré qui a accepté garde pour lui le titre, à l'échéance il y aura confusion pourvu qu'il ait reçu la provision, sinon, il aurait un recours contre le tireur. Quant aux endosseurs, il ne peut avoir de recours contre eux, puisqu'à leur égard l'acceptation suppose la provision, 117 Co. Le tiré qui garde le titre n'a-t-il pas accepté, il n'est pas à proprement parler débiteur, il constatera le refus de paiement par un protêt sur lui-même et recourra contre ceux qui le précèdent, à moins qu'il n'ait reçu la provision, parce que, dans ce cas, bien qu'il n'ait pas accepté, il n'en est pas moins débiteur. Occupons-nous maintenant du cas où le titre tiré lance le titre dans la circulation. Quatre hypothèses peuvent se présenter : 1° ou il n'a pas accepté n'ayant pas la provision ; 2° ou il n'a pas accepté ayant la provision ; 3° ou il a accepté ayant la provision ; 4° ou il a accepté n'ayant pas la provision. Au premier cas, le tiré n'est pas à proprement parler débiteur du titre, il pourra accepter à l'échéance et alors il paiera et recourra contre le tireur ; s'il ne veut pas accepter, il paiera comme endosseur et pourra recourir contre les endosseurs qui le précéderont. (Paris, 22 avril 1863).

Dans le second cas, le tiré qui, muni d'une provision sans avoir accepté, devient endosseur, ne peut plus remettre le titre en circulation, car il est à la fois débiteur et créancier, ou du moins s'il le remet en circulation, cela n'aura d'effet qu'à son égard, mais non à l'égard du tireur et des endosseurs précédents qui demeureront définitivement libérés.

Dans le troisième cas, quand le tiré a accepté ayant la provision, il ne pourra pas davantage remettre le titre en circulation parce qu'il y a réunion sur la même tête des qualités de créancier et de débiteur.

Dans le quatrième cas, c'est-à-dire quand le tiré a accepté n'ayant pas la provision, il ne pourra remettre le titre en circulation, de telle sorte que les endosseurs précédents se trouvent tenus envers le porteur, parce qu'à leur égard l'acceptation suppose la provision et que dès lors il y a confusion. Autrement en est-il à l'égard du tireur vis-à-vis duquel un recours sera possible. M. Massé, dans ce cas, n'admet pas de recours de la part du porteur contre le tireur, bien que le tiré cessionnaire du titre en ait un, parce que, dit-il, cette action lui est personnelle et ne procède pas directement du contrat de change. Nous n'adoptons pas cette conclusion, parce que tout rapport de droit né à l'occasion de la lettre est transmissible au cessionnaire de la part du cédant, rien n'y met obstacle, on ne saurait d'ailleurs voir là un droit exclusivement attaché à la personne. (M. Massé, *Droit comm.*, t. V, n° 409). Sur les autres points nous sommes d'accord avec le savant jurisconsulte, sauf que nous ne partons pas du même point de vue. Pour refuser le droit de négocier le titre dans ces trois derniers cas, M. Massé ne part pas de cette idée que l'obligation étant éteinte par confusion ne peut plus être cédée; il pose en principe que la lettre arrivée entre les mains du tiré ayant été acquittée par lui, le paiement a éteint l'obligation qui en résultait et fait dès lors obstacle à une nouvelle cession. Nous aimons mieux nous attacher à l'idée de confusion, parce qu'elle se trouve plus générale, nous avons toujours réunion de deux qualités incompatibles sur une même tête produisant la confusion, tandis que le tiré peut très-bien n'avoir accepté le titre que comme acquéreur, se proposant de le remettre en circulation;

il a peut-être voulu lui donner la garantie de sa signature, mais seulement comme endosseur et non comme accepteur. Dans ces cas, la théorie du paiement sera insuffisante pour expliquer l'intransmissibilité du titre comme lettre de change garantie par le tireur et les endosseurs précédents. Quand l'intention du tiré sera prouvée avoir été d'éteindre le titre avant l'échéance, par exemple ,quand il aura fait mettre à son cédant son *pour acquit,* on ne pourra expliquer ceci que par la théorie du paiement et non par celle de la confusion. Ces solutions ont été consacrées généralement par la jurisprudence (1).

Ces décisions ne sont peut-être pas en rapport avec les besoins du commerce, car dans les divers cas où les cours d'appel ont statué, elles infirmaient toujours des jugements de tribunaux de commerce. Nous reprocherons seulement à l'arrêt de cass. de 1848 d'avoir décidé qu'il n'y avait pas à s'inquiéter si l'accepteur avait ou n'avait pas provision ; en effet, s'il eût été prouvé que la provision n'était pas faite, le nouveau cessionnaire du titre, à notre avis du moins, aurait eu un recours contre le tireur, vis-à-vis duquel, à la différence des endosseurs, l'acceptation ne fait pas preuve de la provision. L'opinion qui permet au tiré de faire sortir de ses mains par un endossement le titre dont il s'est rendu cessionnaire est partagée par d'excellents esprits (2).

---

(1) Cass. 14 floréal an IX. Cass. 19 avril 1848. Riom, 12 mars 1844. Rouen, 7 décembre 1846. Aix, 28 juin 1855.

(2) V. M. Pardessus, *Cours de droit comm.*, 237. M. Demangeat sur

Cette opinion ne peut se prévaloir de la bonne foi des tiers, puisque l'obstacle à la cession résulte du contexte du titre. On objecte que notre doctrine est contraire à la nature du titre qui est de circuler jusqu'à l'échéance. Mais la confusion est un obstacle absolu et pour n'en pas tenir compte il faudrait un texte formel, de plus le terme n'empêche pas la confusion de se produire.

SECTION QUATRIÈME.

De l'endossement irrégulier.

Nous venons de voir quelles étaient les formalités exigées par la loi pour que l'endossement fût translatif de propriété. L'art. 138 nous dit que l'endossement qui n'est pas conforme aux prescriptions de la loi n'opère pas transport et qu'il ne vaut que comme procuration. On a même été plus loin et on a décidé que la mention *pour acquit* mise sur un effet de commerce par le tiers porteur qui le remet à un banquier, quoique insuffisante pour transférer la propriété, a cependant, d'après l'usage du commerce, la valeur d'un endossement irrégulier. Le porteur de l'effet peut prendre toutes les mesures conservatoires relatives au paiement, il peut faire faire le protêt en son nom. (Trib. de comm. de Marseille, 20 juillet 1869.) La même solution a été consacrée pour la mention insérée au dos du titre : *Bon pour la somme indi-*

Bravard, t. III, p. 191, note 1re, *in fine*. Devilleneuve, note dans *Sirey*, 1844, 2, 609.

guée au corps du titre, le tiers porteur qui en est lui-même saisi ultérieurement par un endossement régulier peut en exiger le paiement. (Paris, 7 décembre 1865).

Nous allons étudier, dans cette section, les conséquences qui dérivent de cet art. 138, et voir notamment si l'on ne peut pas suppléer par des preuves extrinsèques aux irrégularités.

Nous nous occupons, dans cette section, de l'endossement irrégulier proprement dit, par opposition à l'endossement en blanc qui est bien plus irrégulier, mais dont l'irrégularité, susceptible d'être réparée, lui permet de produire des effets aussi étendus qu'un endossement régulier. En général, tout ce qui sera vrai de l'endossement irrégulier le sera de l'endossement en blanc, qui n'aura pas été régularisé ou qui ne l'aura pas été en temps utile.

L'irrégularité peut résulter de diverses omissions, de la clause à ordre, de la date, de la valeur fournie ou du nom du cessionnaire. L'omission de l'ordre empêche l'endossement de transférer la propriété ; mais on diffère sur les effets qu'il doit produire en tant qu'endossement irrégulier. M. Dalloz, *Rép.*, *Effets de comm.* 404 et suiv., distingue suivant qu'outre l'omission de l'ordre, l'endossement sera ou ne sera pas irrégulier. Au premier cas, il admet qu'il vaudra procuration, soit pour toucher, soit pour négocier le titre ; au second cas, il admet qu'il ne vaudra qu'à l'effet de toucher, car lui permettre de négocier ce titre, ce serait aller diamétralement contre l'intention de l'endosseur, qui, étant libre de ne donner aucun mandat, a pu donner un mandat restreint.

Cette opinion ne nous paraît pas devoir être suivie,

car, ce serait, pour distinguer où la loi ne distingue pas, s'appuyer sur une base trop fragile. Si l'endosseur veut ne conférer au porteur que le mandat de toucher, il devra s'en exprimer en termes formels, par exemple en causant *valeur en recouvrement ou à l'encaissement.* C'est l'opinion consacrée par la loi allemande de 1848, § 15, quand elle exige, pour exclure le droit du porteur d'endosser la lettre, l'insertion des mots *non à ordre* ou de toute autre expression équivalente. Le porteur par endossement d'un titre, qui n'a pas été créé à ordre vis-à-vis des tiers, ne sera valablement saisi que par un transport régulier, conformément à l'art. 1690, C. civ., ou par l'acceptation du débiteur. Il ne sera pas déchu pour n'avoir pas fait protester l'effet; dans les rapports du cédant et du cessionnaire le protêt ne sera pas davantage nécessaire, car nous n'avons pas un effet de commerce. Les déchéances sont de droit étroit, et si la loi en a établi pour les lettres de change et les billets à ordre, nous ne pouvons les appliquer à de simples promesses; le cédant, aux termes de l'art. 1694, ne sera pas garant de la solvabilité du débiteur. (Trib. de comm. de la Seine, 28 juillet 1841.) Nous ne pouvons nous associer à l'opinion de la Cour de Paris, qui a jugé, le 6 février 1830, que la signification du protêt d'un billet transmis par endossement, quoique non à ordre, opère saisine et transport au profit du tiers porteur, en ce sens que le souscripteur du billet ne puisse lui opposer le défaut de cause de ce billet, et se refuser par suite à en payer le montant. Cet arrêt nous semble donner prise à la critique à deux points de vue : 1° il est arbitraire de remplacer, dans le transport d'une créance civile, la signification du Code Napoléon par la signification du protêt; 2° cette signification du protêt fût-elle suffisante pour opérer dessaisissement au profit du tiers porteur, il n'en résulterait nullement, suivant M. Sirey, que le défaut de cause ne pût être opposé au porteur qui n'était que le cessionnaire d'une créance non à ordre; tout ce qu'on pourrait en conclure, c'est que le souscripteur n'aurait pu en payer le montant au préjudice du tiers porteur cessionnaire.

La règle qui veut que l'endossement irrégulier ne vaille que comme procuration est absolue : ainsi, le simple défaut de date empêche le transport de propriété, sans qu'on puisse prétendre que la date n'est exigée que dans l'intérêt de l'endosseur, et que lui seul est recevable à se prévaloir de son omission ; le cessionnaire ultérieur et le tireur peuvent l'invoquer (1). Quand l'endossement est irrégulier, le porteur ne peut agir que comme mandataire de l'endosseur. Si celui-ci désavoue le mandat et prétend n'avoir fourni aucune valeur au souscripteur, il ne pourra agir ni de son chef, ni du chef de celui qu'il représente, car les exceptions opposables au mandant le seront au mandataire. (Colmar, 13 juin 1810.) Cette décision serait vraie également quand même l'endossement serait irrégulier par l'omission de toute autre formalité que la date.

L'endossement qui n'énoncera pas la valeur fournie, ni en quoi elle a été fournie, sera irrégulier. Il y a beaucoup de difficultés de fait tranchées par la jurispru-

(1) V. Merlin, *Quest. de dr.* v° *Endoss.*, § 1, n° 2. Cass. 29 mars 1813.

dence sur le point de savoir si telle ou telle mention était suffisante ou non, pour satisfaire au vœu de la loi, nous en avons traité à propos de l'endossement régulier, nous n'avons pas à y revenir.

Le porteur en vertu d'un endossement irrégulier peut lui-même endosser le titre soit régulièrement, soit irrégulièrement (Tr. de Marseille, 26 juin 1863. Paris, 27 juillet 1867). Dans ce dernier cas, comme l'a décidé un arrêt du 7 août 1867, de la Cour de cassation, les exceptions opposables à celui qui pour la première fois a fait un endossement irrégulier le seront au porteur, car il n'est que le mandataire d'un individu qui lui-même était passible de ces exceptions.

En ce qui concerne l'endossement régulier fait par un porteur auquel il avait été endossé irrégulièrement, il y a quelques observations à présenter. Il peut au premier abord sembler étrange qu'un individu qui n'est pas propriétaire puisse transférer la propriété. Touché par ce raisonnement, Pothier avait vu là une impossibilité pour le porteur, « car, nous dit-il, *Contrat de change*, n° 41, la propriété de la lettre ne lui ayant pas éte transférée par l'endossement défectueux fait à son profit, il ne peut pas la transférer à un autre. » Cette doctrine, généralement suivie sous l'ordonnance de 1673, n'est plus partagée par aucun auteur moderne. (V. Bravard, t. III p. 176.)

Nous avons une procuration ; mais comme elle n'est pas limitée, c'est du moins ce que nous supposons, elle emporte le pouvoir de toucher le montant de l'effet. Or l'aliénation des effets de commerce n'est pas autre chose qu'un mode usuel de les recouvrer; il n'est pas nécessaire d'être propriétaire pour aliéner, il suffit, comme dans notre espèce, d'avoir reçu un mandat à cet effet. (Cass, 9 novembre 1842 et 6 janvier 1845.) Si le porteur est impayé à l'échéance, il pourra recourir contre l'endosseur qui lui a transmis l'effet et qui en était devenu titulaire en vertu d'un endossement irrégulier ; mais celui-ci pourra lui opposer les exceptions personnelles à son endosseur, car il n'est que mandataire.

Lorsque le propriétaire d'un billet à ordre qui l'a endossé irrégulièrement devient débiteur du souscripteur du titre, le porteur saisi par endos irrégulier ne pourra réclamer son paiement à l'échéance. L'endossement irrégulier ne donnant au porteur que la qualité de mandataire, les exceptions opposables à son cédant le lui seront également. Si les billets à ordre ont été souscrits comme supplément du prix d'un office, il y aura nullité et le souscripteur pourra se refuser de payer le porteur du billet. C'est ce qui a été jugé par la Cour de Paris le 8 décembre 1868 ; elle s'est appuyée sur ce que le porteur était de mauvaise foi, mais ce motif est surabondant. Eût-il été de bonne foi, la solution aurait dû être la même puisqu'il n'y a que mandat et que la preuve qu'au fond les formalités voulues par la loi ont été remplies n'est pas opposable aux tiers.

Quand le souscripteur d'un billet à ordre a été condamné au paiement envers le porteur en vertu d'un endossement irrégulier, il peut interjetant appel lui opposer en compensation une créance qu'il a acquise depuis l'appel contre l'auteur de l'endossement, alors même qu'avant de devenir créancier, le jugement de première instance condamnant le souscripteur envers le porteur aurait été signifié à la partie condamnée, la signification de ce jugement qui n'a rien d'irrévocable ne peut remplacer la signification d'un transport saisissant irrévocablement le cessionnaire. (1690 C. Nap. Cass. 10 décembre 1851). La signification d'un jugement ne peut équivaloir à la signification d'un transport de créance, a très-bien dit M. Hardoin dans son rapport, qu'autant que les effets du jugement et de la signification sont définitifs, irrévocables, non soumis à une condition résolutoire.

Nous allons maintenant étudier la question de savoir si l'endossement irrégulier ne peut pas produire les mêmes effets qu'un endossement régulier, quand le porteur justifie que les formalités voulues par la loi ont été remplies, par exemple, que malgré l'omission de l'indication de la valeur fournie, elle n'en a pas moins été fournie. Cette question a souvent été agitée devant la Cour de cassation dont la jurisprudence a suivi de nombreuses variations. De 1812 à 1831 elle a jugé tantôt que le porteur pouvait faire la preuve de la valeur fournie à l'égard de tous les signataires de l'effet, tireur souscripteur ou endosseurs, tantôt au contraire que la preuve était admissible. Ensuite la Cour suprême se montra défavorable au droit de la preuve d'une manière absolue, mais dans ces derniers temps elle est revenue peu à peu de la rigueur de sa jurisprudence. Ainsi elle n'a admis la preuve de la part du porteur qu'à l'égard de son endosseur direct et non vis-à-vis des autres. (Cass. 29 novembre 1858.)

Le 7 août 1867, la Cour est allée plus loin, elle a admis la preuve non-seulement contre l'endosseur direct, mais encore contre l'endosseur antérieur qui a endossé l'effet en blanc, parce que son endosseur direct n'est que le mandataire de celui-ci qu'il oblige par son fait.

Le 25 août 1859, le tribunal de commerce de Marseille a décidé que dans ce cas, il faut que la valeur fournie à l'endosseur immédiat soit de nature à avoir pu être transmise au véritable propriétaire de l'effet et qu'il ne suffisait pas pour se faire reconnaître propriétaire que le porteur justifiât qu'il était seulement créancier de son endosseur immédiat pour fournitures de marchandises à lui personnellement faites et dont les factures n'avaient pas été acquittées. Cette doctrine me semble donner prise à la critique, car l'endosseur qui était lui-même porteur en vertu d'endossement irrégulier, s'il n'était que mandataire avait du moins pouvoir pour négocier le titre; celui qui a donné ce mandat ne me semble pas être un tiers ayant pouvoir pour dénier au porteur la qualité de propriétaire qu'il a acquise en vertu du mandat.

Enfin, le 12 janvier 1869, la Cour suprême a fait un dernier pas, elle a décidé d'une manière catégorique que les art. 136, 137, 138 Co. ne font point obstacle à ce que le porteur d'un effet de commerce en vertu d'un endossement irrégulier prouve contre son endosseur, contre les syndics de la faillite de celui-ci et à plus forte raison contre le tiré qui a accepté l'effet, le versement des valeurs et la réalité de la transmission à son profit de la propriété dudit effet en dehors de l'endossement. Dans le sens de ce dernier arrêt, on peut citer un arrêt d'Aix du 11 février 1865 qui admet la preuve à l'encontre des tiers et un jugement du tribunal de commerce de Marseille, du 24 janvier 1866, qui l'admet à l'encontre du souscrip[illegible]. A ces décisions fâcheuses, suivant nous,

nous sommes heureux de pouvoir opposer un arrêt de Paris, du 21 juillet 1868, aux termes duquel le tiers porteur d'un billet à ordre en vertu d'un endossement en blanc, qui justifie avoir versé les fonds n'en est pas moins soumis à toutes les exceptions que peut opposer le souscripteur qui établit avoir remis au bénéficiaire un nouveau billet en remboursement de celui qui est présenté et qu'il n'est admis à se prétendre propriétaire que dans ses rapports avec son cédant. Cette opinion, combattue par M. Massé (*Droit comm.*, t. III, n° 1574), est défendue par M. Demangeat (t. III, p. 184, *note*.)

La loi qui ne fait produire à l'endossement irrégulier que l'effet d'une procuration, n'a établi qu'une présomption qu'on peut combattre par la preuve contraire. Vis-à-vis des tiers qui n'ont pas participé à l'endossement, le titre tel qu'il se comporte doit faire la loi; mais entre deux personnes, on ne peut exécuter que ce qui a été convenu en réalité. — La fourniture de la valeur qui ne se révèle pas aux yeux de tous, au fond, qu'est-ce sinon une convention analogue à celles qu'on constate sous le nom de contre-lettres? Or, les contre-lettres ne sont pas opposables aux tiers. (1321 C. N.).

On voit donc que le reproche que M. Massé nous adresse de tomber dans l'arbitraire en distinguant les rapports des parties entre elles et ceux avec les tiers n'est pas fondé. (Massé, note sur l'arrêt du 29 déc. 1858. *Sirey*, 59. 1. 97.)

Une question incidente à celle qui nous occupe mais qui ne manque pas d'importance, est celle de savoir si en admettant que la preuve de la valeur fournie soit possible contre l'endosseur direct du porteur, on ne doit pas l'admettre également contre la masse de l'endosseur failli. — Sur ce point, nous sommes d'accord avec M. Massé dans sa note précitée, la preuve doit être admise contre cette masse. (Jug. du trib. de comm. du Havre, 16 sept. 1865.)

Le 15 décembre 1841, la Cour suprême interdisait la preuve de la fourniture de la valeur à l'égard de la masse des créanciers de l'endosseur failli, mais elle ne devait pas persister dans cette jurisprudence, car avant de consacrer, comme elle l'a fait en 1858, les vrais principes d'une manière absolue, le 16 juin 1856 elle avait déjà admis la preuve à l'encontre des créanciers de l'endosseur, mais seulement lorsque cette preuve ne tendait à faire considérer le porteur que comme créancier de la masse et non comme propriétaire de l'effet reçu en échange de la valeur fournie.

Les créanciers d'un failli sont ses ayants-cause lorsqu'ils exercent ses droits aux termes de l'art. 1166 C. N., ou 433 Co. ; ils agissent au contraire en vertu d'un droit personnel aux termes des art. 1167 C. N. ou 446 et 447 Co. Une fois la preuve faite contre l'endosseur que la valeur a été fournie, le porteur se trouve devenir le véritable propriétaire de l'effet, il ne devient pas seulement créancier à l'effet d'être admis au passif de la faillite pour une somme égale au montant de l'effet; si on n'avait voulu obtenir que ce dernier résultat, la preuve dont nous parlons aurait été inutile, il eût suffi d'admettre la répétition de l'indû. Une fois la preuve faite contre l'endosseur, il ne peut être reçu à en diviser les effets pour n'admettre le porteur que comme créancier et non comme propriétaire des lettres ou des billets dont la somme payée était le prix.

Les créanciers de l'endosseur ne seraient certainement pas plus recevables que lui à élever cette prétention s'il n'était pas en faillite. Le fait de la faillite rendra-t-il leur prétention recevable? Rien ne permet de le penser, car il ne s'agit pas d'actes suspects ou consommés dans un temps prohibé, ou déclarés nuls ou annulables aux termes des art. 446 et 447 Co. Il importe peu que la preuve de la fourniture de la valeur soit faite avant ou après la faillite, car ce n'est pas elle qui opère la transmission de l'effet endossé, les créanciers ne pourraient se plaindre qu'autant que la fourniture aurait eu lieu après la faillite.

Quand l'endossement n'énoncera pas la valeur fournie et quand cependant il sera reconnu ou prouvé qu'elle l'a été, quelle sera la position du cessionnaire? devra-t-il être traité comme si l'énonciation avait eu lieu? Un arrêt du 5 juillet 1843 de la Cour de cassation admet l'affirmative et prononce au profit du porteur la garantie solidaire et la contrainte par corps. Cette solution est inexacte à mon avis, le porteur n'agit pas en vertu de l'endossement, il agit en vertu d'une cause dont le titre ne fait pas mention et qui conséquemment demeure sous l'empire du droit commun.

Si les tiers peuvent se prévaloir du vice de l'endossement alors même que le porteur prouverait que la valeur a été fournie, c'est parce que le titre n'étant pas conforme aux prescriptions de la loi pour produire une obligation par lettre de change, ceux-ci peuvent méconnaître tous les rapports ne résultant pas de la teneur du titre, notamment ceux de cédant à cessionnaire qui existent au fond entre l'endosseur et le porteur.

Quand les formalités prescrites par la loi pour les lettres de change et les billets à ordre n'ont pas été observées dans la confection du titre, on a beau prouver par des preuves extrinsèques leur accomplissement, le titre ne vaudra jamais que comme simple promesse ; il faut en dire autant de l'endossement de ces mêmes titres.

Il y a inconséquence de la part de la jurisprudence à admettre que le cédant peut être astreint à la garantie solidaire ou à la contrainte par corps, ce qui présuppose, contrairement à ce que nous avons vu tout à l'heure, que le cédant est tenu en vertu de lettre de change. Cette idée est parfaitement mise en relief par M. Demangeat. (t. III, p. 184).

Le porteur en vertu d'un endossement irrégulier a-t-il qualité pour agir en son propre nom ? Sur ce point il est intervenu un assez grand nombre de décisions judiciaires : le 8 avril 1856, la Cour suprême a rejeté une fin de non-recevoir tirée de ce que le porteur avait agi en son propre nom, alors qu'étant titulaire en vertu d'un endossement irrégulier, il devait agir au nom de son mandant. Le porteur ne devrait être déclaré non-recevable à agir en son nom qu'autant que celui qu'il actionne aurait quelque exception à opposer à l'endosseur, voilà tout ce que la loi a voulu dire quand elle a assimilé l'endossement irrégulier à une procuration (1).

De même que nous avons vu que le porteur, en vertu

---

(1) Cass. 20 juillet 1864. Paris, 29 novembre 1865. Trib. de com. de Marseille, 23 février 1865.

d'un endossement irrégulier, peut poursuivre les divers obligés, de même quand il a endossé lui-même régulièrement le titre, il peut être poursuivi par le nouveau porteur. Il ne serait pas recevable à se soustraire à la garantie, sous prétexte qu'il ne détenait le titre qu'en vertu d'un endossement irrégulier. Tout ce qu'il pourra faire, ce sera de se retrancher derrière les exceptions que son cédant aurait pu invoquer. (Cass., 1er décembre 1829.) Il y a une assimilation à ce point de vue du commissionnaire en matière commerciale et du porteur en vertu d'un endossement irrégulier. Celui-ci, dit très-bien M. Bédarride (*Lettre de change*, t. Ier, n° 325) n'est obligé que parce qu'il a signé de son nom personnel. Si, en effet, il avait indiqué par une mention dans l'endossement qu'il n'était que mandataire, il ne se trouverait pas obligé personnellement, il pourrait repousser l'action en garantie.

Supposons que le porteur, en vertu d'un endossement régulier, se soit fait rembourser le montant de l'effet par son endosseur qui ne détenait le titre que par endossement irrégulier, ce dernier pourra-il, comme subrogé aux droits du porteur, se faire tenir compte à son tour des déboursés qu'il a opérés, par les autres obligés, en vertu de la lettre de change ? C'est là une grave question qui divise les auteurs et la jurisprudence. Pour la négative, on peut citer M. Nouguier, t. Ier, n° 470 ; pour l'affirmative, M. Bédarride, t. Ier, n° 326, et Dalloz, *Rép.*, v° *Effets de comm.*, n° 462. On soutient, pour la négative, que l'endosseur ne peut être considéré comme subrogé, parce que, s'il a remboursé, c'est en qualité de mandataire et non pour son propre compte. Il ne peut être subrogé alors que les deniers qui ont servi à l'acquittement sont présumés appartenir à son mandant. Le propriétaire, le subrogé, c'est son mandant; c'est l'auteur de l'endossement irrégulier qui, légalement parlant, ne s'est pas dessaisi en sa faveur. Cette opinion ne doit pas, suivant nous, prévaloir ; elle perd de vue l'effet produit par l'endossement régulier qui a suivi l'endossement irrégulier. On ne peut contester, M. Nouguier lui-même le reconnaît, que cet acte soit translatif de propriété. Le vice du premier endossement se trouve donc corrigé; il est conforme en conséquence de substituer au porteur celui dont il obtient son remboursement. Il ne rembourse pas comme mandataire, mais parce qu'ayant mis sa signature sur le titre, il s'est rendu responsable de la négociation qu'il a faite en son nom personnel. Il serait étrange, dit M. Bédarride, qu'on tînt cet endosseur directement engagé quant à cette responsabilité, et que, lorsqu'en ayant subi les effets il s'adresse aux autres débiteurs, on ne le considérât que comme mandataire.

On ne peut objecter que, dans notre système, le mandataire peut se changer à lui-même son titre, en devenant propriétaire de l'effet qu'il n'avait mission que de négocier. La subrogation dérive, en effet, du remboursement ; or, celui-ci n'est que la conséquence de l'obligation personnelle incombant à sa charge, et dont la procuration n'était que la cause occasionnelle et non la cause efficiente. (Merlin, *Quest. de dr.*, § 1, nº 4.) Peu importerait que la procuration résultant de l'endossement irrégulier ait été révoquée depuis, car le porteur qui a remboursé trouve le principe de son recours dans le fait du remboursement qu'il a opéré, comme tenu personnellement et non dans l'endossement. (Colmar, 11 mars 1812.)

Le remboursement pourra bien avoir été fait des deniers du mandant, mais ce n'est là qu'une question intéressant le mandant et le mandataire, qui sera débattue à part, et à propos de laquelle l'endosseur qui a remboursé, pourra très-bien prouver que malgré l'irrégularité de l'endossement, il n'en avait pas moins acquis la propriété. Quant aux tiers, ils doivent tenir le titre en réalité pour ce qu'il est en apparence. Si on ne peut rien prouver contre eux par des preuves extrinsèques, eux de leur côté ne peuvent, en s'appuyant sur de semblables preuves, modifier les rapports de l'endosseur et du porteur, tels qu'ils résultent du titre. Ils ne peuvent se plaindre, puisque en payant entre les mains du porteur qui a remboursé, ils seront libérés. Si le remboursement avait eu lieu des deniers du mandant, il est peu probable qu'il ne fût pas intervenu dans l'affaire ; ayant fourni les deniers, il peut ne pas intervenir pour éviter des exceptions dont il serait passible, mais c'est là une fraude, or la fraude ne se présume pas.

La doctrine que nous défendons peut invoquer de nombreux arrêts (1).

La cour suprême cependant a, dans son arrêt du

---

(1) V. notamment Cass. 20 févr. 1843. Cet arrêt a été rendu par un remarquable rapport de M. Mesnard, mettant en relief les arguments des deux opinions. Cass. 12 novembre 1845. Paris, 26 mai 1860 et 21 juillet 1864. En sens contraire, on peut citer les arrêts suivants : Bourges, 18 avril 1842. Cass. 9 novembre 1836. Cet arrêt ne résout qu'implicitement la question.

27 février 1864, méconnu les principes d'une manière bien grave, quand elle a décidé que le porteur par endos en blanc, qui a régulièrement négocié le titre, et qui l'a ensuite remboursé dans les mains d'endosseurs postérieurs régulièrement saisis, ne peut se prétendre subrogé à l'égard des intéressés au titre autres que son cédant direct, aux droits de ceux qu'il a remboursés, et doit subir toutes les exceptions de compensation ou autres, qui peuvent être opposées par le souscripteur. Il en doit surtout être ainsi, dit l'arrêt, quand l'endosseur en blanc est tombé en faillite, ce qui a opéré révocation du mandat, et que les endossements réguliers qui suivent sont tous postérieurs à cette époque. Il y a là, suivant nous, quelque chose d'inexact, car du moment que les cessionnaires ultérieurs sont de bonne foi, et qu'ils ont fourni la valeur, ils sont devenus véritables propriétaires et rien n'empêche que le mandataire qui a remboursé n'agisse comme subrogé à leurs droits contre les divers obligés.

CINQUIÈME SECTION.

De l'endossement en blanc.

Nous allons maintenant nous occuper de l'endossement en blanc dans les règles qui lui sont propres, car comme cet endossement est irrégulier, et même le plus irrégulier de tous les endossements, tout ce que nous venons de dire lui est applicable. Beaucoup de solutions de jurisprudence que nous avons approuvées ou critiquées, ont été rendues dans des espèces où il s'agissait d'endossements en blanc. Ce qui caractérise ce genre d'endossement, c'est que son irrégularité est susceptible d'être couverte et réparée. Aussi Savary disait-il de lui, que c'était *une pierre d'attente ;* une fois le blanc seing rempli et changé en ordre régulier, nous avons un endos valable. Voici ce qu'en pensait d'Aguesseau, consulté par le procureur général du parlement de Toulouse : « Je ne saurais mieux répondre à la consultation que vous me faites, qu'en vous envoyant l'avis d'un homme très-instruit de toutes les matières de commerce et surtout de celui qui se fait par la voie des lettres de change. La question y est traitée avec une clarté et une justesse qui ne laissent rien à désirer. Je n'ai pas cru cependant devoir me contenter de cet avis, quelque solide qu'il soit, et je l'ai fait communiquer à tous MM. les commissaires du Conseil qui composent le bureau du conseil de commerce, et qui sont pleinement au fait de ce qui regarde ces sortes de matières. Ils ont tous été du même sentiment que l'auteur de l'avis, et le Parlement de Toulouse ne saurait mieux faire que de se conformer dans ses arrêts aux principes qui y sont établis. On y remarque fort bien, que les abus dont la crainte a suspendu la décision du Parlement, ne peuvent être mis en balance avec les grands avantages qui résultent pour le bien et la facilité du commerce de l'usage des billets au porteur, et des endossements mis en blanc sur des lettres de change. »

L'endossement en blanc présente deux avantages principaux : 1° celui dont nous avons parlé et qui le rend propre à devenir régulier ; 2° celui de conférer des pouvoirs très-étendus, vu qu'il ne contient aucune restriction et que les autres endossements irréguliers peuvent se trouver conçus dans des termes qui permettent de douter de l'étendue du mandat qu'ils confèrent.

Le porteur de l'endossement peut remplir le blanc à son profit, mais pourvu que ce soit sans fraude, c'est-à-dire, pourvu qu'il ait fourni la valeur. (Paris, 4 décembre, 1865.

Il n'y a pas besoin que le blanc soit rempli par la main qui a signé. C'est ce que reconnaît formellement la cour de Rennes, dans son arrêt du 24 décembre 1849, quand elle décide « que la loi n'exige pas que l'endossement soit écrit de la main qui le signe, que celui qui a reçu un endossement en blanc, pourvu que ce soit sans fraude, peut le remplir de sa main, si surtout, comme dans l'espèce, il apparaît qu'il en ait fourni la valeur (1). »

L'effet de commerce ainsi revêtu d'un endossement en blanc pourra circuler comme un titre au porteur, en cas de perte ou de vol il faudra appliquer les art. 2279, 2e alinéa, et 2280. Celui qui en sera détenteur pourra le négocier sans apposer sa signature sur le titre, ce qui sera un avantage considérable, car il ne sera pas soumis à la garantie solidaire. Pour les banquiers surtout cela a un grand intérêt, car ils n'aiment pas voir leur signature circuler sur une grande quantité d'effets, parce que le public ne manquera pas de se demander en pareil cas, s'ils ont des ressources suffisantes pour faire face à tous leurs engagements.

---

(1) Rennes, 27 novembre 1867. Trib. de comm. de Marseille, 10 mai 1861 et 24 avril 1862.

L'endossement en blanc quoique défendu dans l'ancien droit, (Pothier, *contrat de change*, 40), s'était maintenu, en dépit de toutes les prohibitions, parce qu'il répondait à des besoins réels dans la pratique, notamment celui de faire ses affaires sans les confier au public. Il y a mieux, la jurisprudence en était arrivée à le considérer comme translatif de propriété. Voici ce que dit l'auteur du *Journal du Palais de Provence*, cité par Merlin. *Quest. de dr.*, § 1, n° 1, en rapportant un arrêt qui avait par exception décidé le contraire : « cet arrêt fondé sur la lettre de l'édit de 1673 est contraire à ce qui se pratique dans toutes les places de commerce, à la jurisprudence universelle de la France et même à divers arrêts du Parlement d'Aix d'après lesquels on a toujours tenu pour maxime que l'endossement en blanc d'un effet de commerce en transporte la propriété. » (V. en ce sens un grand nombre d'arrêts rapportés par Merlin. *Rép.* v°, *Endossement*, § 1.)

Les abus dont se préoccupait le Parlement de Toulouse, pendant la Révolution, furent portés si loin que le Gouvernement de cette époque voulut les proscrire ou du moins les restreindre. Une loi du 20 vendémiaire an IV portait : « Art. 1 : Toutes négociations en blanc de lettres de change, billets à ordre ou autres effets de commerce sont défendues. Art. 2. Les effets ainsi négociés seront confisqués, la moitié de leur valeur appartiendra au dénonciateur, l'autre moitié sera versée dans le Trésor public. Art. 3. Tout agent de change qui se prêtera à ces négociations sera destitué et condamné à une amende égale à la valeur de l'effet négocié. »

Cette loi n'est plus en vigueur, c'est ce qui a été jugé

le 21 février 1868 par la Cour de cassation ; en effet, cette prohibition faite aux agents de change ne leur avait été faite que parce qu'aux yeux du législateur l'endossement en blanc cachait un agiotage immoral. Mais aujourd'hui que le droit de négocier en blanc est permis par la loi, la prohibition, outre qu'elle serait contraire à l'art. 138 Co., n'aurait aucun sens.

Le Code s'est contenté de reproduire la règle de l'ordonnance ; seulement avec la faculté qui appartient au porteur de remplir l'endossement et qui lui avait été reconnue par Savary et Pothier, la propriété se trouvera souvent transférée, quand le blanc aura été rempli de bonne foi et en temps utile ; ce ne serait qu'au cas où il y aurait mauvaise foi ou au cas où l'endossement n'aurait pas été rempli en temps utile, qu'il ne vaudrait que procuration contrairement à la jurisprudence ancienne. C'est ce qui a été jugé par la Cour suprême le 27 janv. 1812 sur les conclusions de Merlin.

Quand l'endossement en blanc est régularisé, la propriété sera transférée alors même que la date aurait été mise d'une manière inexacte, si toutefois il n'y a ni fraude, ni préjudice. Le débiteur de l'effet ne serait pas recevable à prétendre que la date étant fausse, c'est comme si elle n'existait pas, et que l'endossement quoique régulièrement rempli en apparence ne vaut que comme procuration. En effet, la loi veut qu'une date soit exprimée, son vœu ici est rempli ; elle est inexacte, il est vrai, mais pour se plaindre il faudrait au moins avoir un intérêt, par exemple, pouvoir prouver que lors de la date indiquée l'endosseur était incapable de transmettre l'effet parce qu'il avait été interdit. L'antidate des ordres est, à la vérité, punie de la peine du faux, mais il ne peut y avoir faux quand il n'y a ni intention de nuire, ni préjudice causé. (V. Bédarride, t. I, n° 338.) Ces solutions ont été récemment consacrées par la Cour de cassation. (V. cass., 21 déc. 1864 et 10 mai 1865.)

Si l'intention de l'endosseur en blanc n'avait été que de donner une procuration à l'effet de recouvrer le montant du titre, le porteur qui se l'approprierait en en employant la valeur à ses affaires personnelles commettrait un abus de confiance. Cette fraude a souvent été commise par cette classe d'agents d'affaires auxquels le petit commerce s'adresse pour opérer ses recouvrements, la justice n'a jamais manqué, en pareil cas, de leur appliquer les dispositions du Code pénal qui les concernent. Il y a également abus de confiance de la part du débiteur qui, ayant remis à son créancier un titre qui n'ayant pu être négocié par celui-ci, lui a été restitué muni de sa signature au dos du titre, en passe un endossement à son profit, *valeur reçue comptant*. (Cass., 23 septembre 1843.)

Comme l'endossement en blanc ne vaut que procuration, du moins à l'égard des tiers, car entre les parties il peut être translatif de propriété, si le porteur prouve qu'il a fourni la valeur, il faudra qu'il soit rempli du vivant de l'endosseur ou avant sa faillite, parce que le décès ou la faillite opérant révocation du mandat, le porteur n'aurait plus le pouvoir suffisant pour transférer la propriété à lui-même ou à un tiers (1).

(1) Cass. 9 nov. 1842. Cass. 6 janv. 1845. Grenoble, 12 mai 1855.

Les arrêts de cassation cités ont jugé que le décès empêchait de remplir le blanc et que le tiers porteur, fût-il de bonne foi, ne serait pas propriétaire. Nous tenons ces décisions pour mauvaises, car la signature en blanc suffisait pour constituer celui entre les mains duquel passait le titre mandataire, au moins apparent, capable de négocier l'effet aux tiers de bonne foi après le décès. Dans cet ordre d'idées, on a jugé avec raison que le preneur d'une lettre de change qui l'envoie par la poste avec son endossement en blanc, doit supporter les conséquences qui peuvent résulter de ce mode d'endossement, et qu'il se trouve sans droit pour en arrêter le paiement en mains du tiré accepteur, et en réclamer le montant à l'encontre d'un tiers porteur qui justifie d'une négociation régulière à lui faite. (Trib. de Marseille, 8 août 1851). En outre, aux termes des art. 2008 et 2009 C. N., l'accomplissement du mandat dans l'ignorance des faits qui le révoquaient était valable. (V. en sens contr., Paris, 7 nov. 1840).

Il y a un cas dans lequel l'endossement en blanc d'un effet pourrait être rempli après le décès de l'endosseur, c'est celui où le mandat en résultant est autant dans l'intérêt du mandant que du mandataire. C'est ce qui a été jugé dans une espèce où des effets de commerce avaient été remis avec des endossements en blanc par le débiteur à sa caution, alors qu'il était insolvable et où le débiteur étant mort dans cet état, quelque temps après l'endossement a été rempli par le porteur de l'effet. Le mandat n'étant point révocable par la mort de l'une des parties, ni par les autres causes qui mettent fin au mandat, dans ce cas, d'après la doctrine et la jurisprudence, ce blanc-seing a pu être rempli (1).

La remise d'effets négociables endossés en blanc était dans l'intérêt de la caution qu'elle indemnisait conformément à ce qu'elle était en droit d'exiger (2032 2°, C. Nap.), et dans celui du débiteur qui par ce remboursement anticipé se libérait d'autant et empêchait la caution d'agir sur les biens entrés dans son patrimoine, par suite de la vente, avec le privilége du vendeur qu'elle aurait acquis par la subrogation en désintéressant celui-ci. (V. cass., 28 janv. 1868).

Nous considérons comme contraire à la loi qui n'attache à l'endossement en blanc que l'effet d'une simple procuration, l'arrêt de cassation du 4 mars 1828, suivant lequel le porteur d'un billet à ordre au moyen d'un endossement en blanc avait qualité pour en exiger le paiement même après le décès de l'endosseur, et le tireur ne pouvait se refuser de payer, sous prétexte que le décès de l'endosseur aurait mis fin au mandat, à moins qu'il ne justifie qu'il a versé le montant de l'effet entre les mains de l'endosseur, ou qu'il n'ait quelque compensation à lui opposer. Nous nous associons aux critiques de M. Dalloz. (Rép. *Effets de com*, 468 1°).

Le souscripteur d'un effet de commerce, qui se trouve au moment de l'échéance entre les mains d'un tiers porteur, en vertu d'un endossement en blanc, ne peut en payer valablement le montant à ce tiers porteur, si celui qui lui a transmis le titre par voie d'endossement et qui est son mandant, est tombé en faillite ; s'il paie en de

---

(1) V. Aubry et Rau, *Droit civil*, t. III, § 416, et Cass. 21 mai 1867.

telles circonstances, rien n'empêchera le syndic de la faillite de l'endosseur qui est demeuré propriétaire de se faire payer une seconde fois, le souscripteur ne saurait se prévaloir de ce qu'il a payé de bonne foi dans l'ignorance de la faillite, parce que celle-ci, après le jugement qui l'a déclarée, est un événement présumé connu de tous les intéressés. Cette solution, qui se trouve consacrée dans un arrêt du 17 décembre 1856 de la Cour de cassation, est fort rigoureuse à l'encontre du tiers qui a payé de bonne foi, nous semble défectueuse à tous les points de vue. Supposons que le tiers porteur a acquis l'effet de bonne foi, si on admet comme nous, que, malgré la faillite ou le décès de l'endosseur, la propriété est valablement transférée aux tiers porteurs de bonne foi, il n'y aura pas de difficulté, le débiteur de l'effet en s'acquittant entre les mains de ces tiers propriétaires, se sera valablement libéré. Si on admet, au contraire, que la propriété est demeurée aux héritiers du failli ou à la masse de sa faillite, il faudra encore décider que le débiteur est valablement libéré par application de l'art. 145, comme nous le décidons nous-même, quand le tiers porteur qui s'est fait payer avait acquis l'effet en pleine connaissance de l'événement qui avait révoqué le mandat. L'art. 145 déclare en effet que celui qui paie une lettre de change à son échéance et sans opposition, est présumé valablement libéré. Il est vrai que la faillite une fois déclarée est légalement présumée connue de tous, après le jugement déclaratif. On doit de plus connaître la condition de celui avec lequel on contracte ; mais toutes ces règles sont sans application en matière d'effets de commerce. Voici ce que nous dit Pothier pour le cas analogue où l'accepteur aurait payé à une femme, sous puissance de mari, mais qu'il croyait maîtresse de ses droits : « Quand j'ai contracté avec quelqu'un, rien ne m'obligeait de contracter avec lui, et j'ai pu prendre le temps auparavant de m'informer qui il était, si je ne le connaissais pas ; mais un banquier à qui on présente une lettre de change le jour de son échéance est obligé de l'acquitter le jour même, et il ne peut pas avoir le temps de s'informer de l'état de tous ceux qui lui en présentent journellement. » (Pothier. *Contr. de change.* 167.)

Ces idées étaient reproduites par M. Bégouen, l'un des orateurs du Conseil d'État dans son exposé des motifs sur l'art. 145. (Locré. t. XVIII, p. 146.)

L'art. 145 est écrit en vue d'un faux endossement, cela est vrai, mais ses termes sont généraux, et on peut l'appliquer à toutes les hypothèses qui y rentrent. Si les syndics de la faillite avaient voulu empêcher le débiteur de payer entre les mains du tiers porteur de bonne foi, ils n'avaient qu'à former opposition entre ses mains, un procès aurait eu lieu entre le syndic et le porteur, et le débiteur n'aurait payé qu'en mains sûres. Le tiers porteur de bonne foi, en cas d'opposition, ne pourra prétendre au paiement que s'il a fourni la valeur, parce que, dans ce cas, comme nous l'avons vu, il est propriétaire de l'effet dans ses rapports avec son endosseur, et conséquemment dans ses rapports avec la masse de la faillite de son endosseur, puisque celle-ci n'agit pas en vertu d'un droit propre, mais comme exerçant les droits du failli. (Cass. 29 décembre 1858.)

La signature en blanc mise au dos d'une lettre de change confère bien au porteur le droit de remplir le blanc à l'effet de régulariser l'endossement, mais elle ne lui confère nullement le pouvoir d'insérer un aval à la charge du signataire, ou une dispense de protêt, qui soumette l'endosseur aux mêmes obligations que le tireur de la lettre ou le souscripteur du billet. On peut donc opposer au porteur, fût-il banquier, la déchéance résultant du défaut de protêt. S'il en était autrement, on arriverait aux résultats les plus contraires à l'intention de l'endosseur, qui n'a entendu que conférer le pouvoir de rendre l'endos régulier, or il faut restreindre le mandat dans ses limites, *diligenter fines mandati custodiendi.* L'endosseur se trouverait à la merci du porteur, qui ne sera plus gêné par les formalités et les délais dont il peut s'affranchir à son gré, et qui lui imposera toutes les conventions qui lui conviendront. Il demeurera engagé pendant un certain temps, sans savoir au juste s'il est ou non encore obligé, ne pouvant recourir contre ses garants et exposé à l'insolvabilité qui peut atteindre ceux-ci et le tireur. On arriverait en un mot aux conséquences les plus invraisemblables et les plus contraires à l'esprit du commerce et de la loi. La Cour de Limoges, dans deux arrêts du 10 mai 1844 et du 25 mars 1846, a consacré ces principes; elle n'a pas tenu compte de l'usage contraire qui prévaut dans la banque, parce que l'usage peut bien servir pour interpréter la loi, mais non pour l'abroger.

L'endossement en blanc est d'une pratique universelle dans le commerce, à cause des nombreux avantages qu'il présente. Il suffit d'ouvrir un recueil d'arrêts pour s'en convaincre. Malheureusement, l'effet que la loi lui fait produire, c'est-à-dire de ne valoir que comme procuration, parce qu'il est irrégulier, est, on peut le dire, en opposition manifeste avec le but que les parties se proposent; il serait bon que ce désaccord cessât. Sur ce point, notre législation est devancée par celle de tous les pays commerçants de l'Angleterre et de l'Allemagne notamment. Une des dispositions de la loi allemande de 1848 est conçue en ces termes : « Un endossement est valable lors même que l'endosseur écrit seulement son nom ou le nom de sa maison sur le dos de la lettre ou de la copie ou sur l'allonge. Tout possesseur d'une lettre de change peut remplir l'endossement en blanc qui s'y trouve ; il peut aussi, sans le remplir, endosser à son tour la lettre. »

En Angleterre, la règle est la même, à moins qu'il ne s'agisse d'une lettre au-dessous de 5 livres sterling.

Nos tribunaux ont eu plusieurs fois l'occasion d'en faire l'application. Voici, à cet égard, comment s'exprime la Cour de cassation, dans un arrêt du 18 août 1856, où elle fait l'application de la règle *locus regit actum* : « Attendu que la régularité d'une promesse ou d'un effet de commerce se détermine par la loi du pays où il a été souscrit ; que les billets dont il s'agit ayant été souscrits par un Anglais à Londres, c'est par la loi de l'Angleterre que l'on doit juger si ces billets forment des billets à ordre ou des promesses de payer ; que, d'après cette législation, il n'est pas nécessaire que la valeur reçue soit énoncée ; que la simple signature de l'endosseur suffit pour opérer la transmission de la lettre de change, ou du billet à ordre par la voie de l'endossement. »

SECTION SIXIÈME.

De l'endossement de garantie.

L'endossement peut-il avoir pour but de constituer un gage? La question a été fort longtemps débattue. Les uns voulaient qu'on observât les formalités prescrites par l'art. 2074, C. Nap., c'est-à-dire la signification au débiteur cédé. C'est ce que la Cour d'Amiens avait décidé au sujet d'actions industrielles déclarées transmissibles par la voie de l'endossement. (Amiens, 2 mars 1861.) Les autres rejetaient l'application de l'art. 2074 en s'appuyant sur l'art. 2084, aux termes duquel les dispositions du Code sur le gage sont sans application aux matières de commerce. La première opinion, enseignée par MM. Aubry et Rau, était celle qui prévalait en doctrine et en jurisprudence; elle donnait lieu cependant à des objections dont il était impossible de méconnaître la gravité. On appliquait l'art. 138 écrit pour le transport des effets à ordre à leur mise en gage, alors qu'on reconnaissait que la tradition suffisante pour opérer le transport des meubles était insuffisante, d'après le Code civil, pour la mise en gage. 2074, C. Nap.

La loi du 23 mai 1863 est venue mettre un terme à la controverse. Elle est insérée au Code de commerce dont elle forme le titre sixième où nous trouvons l'art. 91 ainsi conçu : « Le gage à l'égard des valeurs négociables peut aussi être établi par un endossement régulier indiquant que les valeurs ont été remises en garantie. » Avant la loi, la Cour suprême, par arrêt du

31 mars 1863 et, depuis la loi, la Cour d'Orléans, par arrêt du 24 juin 1868, ont décidé que la mention *valeur en garantie de mon compte* avait transféré la propriété d'une manière absolue, parce que la loi admettant la mention *valeur en compte* comme capable d'opérer le transport de propriété, il doit en être de même de la mention *valeur en garantie de mon compte* qui revient au même, avec cette indication de plus, que le solde du compte est à l'avantage du porteur. Nous admettons parfaitement que celui qui est porteur en vertu d'un endossement de garantie, peut lui-même à son tour céder le gage à son propre créancier, mais il faut ajouter, dans la limite de la créance d'abord garantie. Ainsi si j'ai endossé l'effet à Paul *valeur en garantie de ma dette de mille francs*, les endossements ultérieurs ne pourront valoir que jusqu'à concurrence de cette somme; si la créance n'avait pas été indiquée, quant à son montant, l'effet pourrait être transféré, sans aucune limitation quant au chiffre. Si l'échéance de la dette était indiquée dans l'endossement, le porteur ne pourrait pas l'endosser à son tour avant l'échéance, parce que la propriété n'a été transférée qu'en gage ; or la transmission de l'effet équivalant à la discussion du gage ne peut avoir lieu avant que la créance soit échue.

Ces principes me paraissent avoir été parfaitement appliqués en matière de connaissements par un jugement du Tribunal de commerce de Marseille, du 21 février 1862. Suivant cette décision, l'endossement d'un connaissement à ordre causé *en garantie d'une somme due par le propriétaire des marchandises chargées*, ne transfère pas la propriété de celles-ci mais vaut pour le bénéficiaire de l'ordre pouvoir de les vendre et de faire cession du produit de la vente jusqu'à concurrence de la somme dont il est créancier. L'endossement dont il s'agit doit produire son effet, malgré l'opposition des autres créanciers du chargeur, alors même que la somme en garantie de laquelle il a été donné n'aurait pas été comptée en vue du connaissement, mais proviendrait au contraire d'une dette ancienne, si d'ailleurs l'endosseur ne se trouve pas en état de faillite.

Il faudra pour que le gage produise un effet opposable aux tiers, qu'on se soit conformé aux prescriptions de la loi ; sans quoi il ne vaudrait qu'entre les parties à la condition de prouver qu'il y a eu convention à cet égard. Si le porteur en vertu d'un endossement en blanc a transmis le titre à son créancier à titre de gage, sans que celui-ci ait eu soin de remplir le blanc, le gage ne pourra valoir qu'entre les parties. Nous supposons que le créancier gagiste reconnaît la propriété du débiteur, car s'il soutenait que c'est lui qui est propriétaire, la présomption de propriété résultant de la détention du titre vaudrait tant qu'elle n'aurait pas été renversée par la preuve contraire. C'est ce que nous avons décidé à propos de la transmission des effets de commerce par la tradition manuelle.

Un effet de commerce peut avoir été remis à titre de garantie par un débiteur à son créancier, mais sans qu'il intervînt aucun endossement en faveur de celui-ci ; les faits étant tels, la Cour de cassation a décidé que le juge du fond avait bien pu voir là un contrat *sui generis* participant à la fois du dépôt et du gage, qui n'obligeait le créancier qu'à la restitution matérielle du titre et qu'on ne pouvait lui reprocher de n'avoir pas fait protester l'effet à l'échéance, car il n'avait qualité, ni pour agir en son nom, ni pour agir au nom du débiteur. (Cass., 26 juin 1866.)

SECTION SEPTIÈME.

Conséquences autres que l'endossement, résultant de ce que le titre est à ordre.

1° On admettait généralement avant la loi du 22 juillet 1867, que le français cessionnaire par endossement d'un effet à ordre souscrit par un étranger au profit d'un autre étranger pouvait exercer la contrainte par corps admise contre les étrangers par la loi française, parce que le souscripteur de l'effet s'était moins engagé envers le bénéficiaire de l'effet, qu'envers celui qui en serait porteur au moment de l'échéance (1).

Le cessionnaire français n'aurait cependant pas pu se prévaloir de la contrainte par corps, s'il eût été prouvé qu'il n'était que le prête-nom d'un étranger. (Douai, 10 février et 2 mars 1853.)

Depuis la loi du 22 juillet 1867, qui a aboli la contrainte par corps, sauf quelques exceptions, cette question qui ne faisait guères de doute pour les créances à ordre, mais qui en faisait beaucoup pour les créances à personne dénommée, ne peut plus se présenter.

---

(1) Paris, 12 avril 1850. Merlin, *Quest. de dr.*, v° *Etranger*, § 4, n°s 3 et .

2° L'art. 14, C. Nap., donne lieu à une question qui n'est pas sans analogie avec la précédente et dont l'intérêt n'a pas disparu. L'étranger qui a contracté en France ou à l'étranger avec un Français, peut être traduit pour l'exécution de ses obligations devant un tribunal français. L'étranger qui a souscrit un effet à ordre envers un étranger pourra-t-il être traduit devant un tribunal français, si l'étranger endosse l'effet à un Français? Cette question est vivement débattue. MM. Aubry et Rau qui admettent la négative quand il s'agit des créances nominatives en se fondant sur les termes de l'art. 14 qui parle d'*obligations contractées par des étrangers envers des Français*, adoptent l'affirmative quand il s'agit d'effets négociables par la voie de l'endossement, parce qu'en pareil cas le souscripteur s'est engagé directement envers quiconque sera porteur au moment de l'échéance (1).

L'étranger qui a été traduit devant un tribunal français à la requête du cessionnaire français de l'étranger envers lequel il s'était obligé par un titre à ordre, peut opposer au demandeur le défaut d'endossement régulier à son profit, quand bien même il serait prouvé qu'il n'en est pas moins porteur légitime et qu'il en a fourni la valeur. L'art. 14 C. Nap. ne peut recevoir d'application qu'autant que le porteur agit en son nom, parce que le souscripteur s'est engagé directement envers lui ; or, ici, il ne peut agir qu'au nom de son cédant étranger. (Paris, 1er mars 1856).

---

(1) Aubry et Rau, *Droit civil*, t. VI, § 748, note 11. Merlin, *Questions de droit*, v° *Etranger*, § 4, n°s 3 et 4. Cass. 18 août 1856.

3° La clause à ordre produit des effets importants en ce qui touche la consignation, au cas où le porteur de l'effet ne se présenterait pas pour se faire payer.

D'après une loi du 6 thermidor an III, tout débiteur de lettre de change, billet au porteur ou autre effet négociable, dont le porteur ne se sera pas présenté dans les trois jours qui suivront celui de l'échéance, est autorisé à déposer la somme portée au billet aux mains du receveur de l'enregistrement dans l'arrondissement duquel l'effet est payable. On délivrait au débiteur un acte de dépôt, et quand plus tard on venait lui réclamer le paiement, il se libérait en restituant l'acte de dépôt. Cette loi se trouve encore en vigueur aujourd'hui ; elle est rappelée dans l'art. 2 de l'ordonnance du 3 juillet 1816, relative à la Caisse des dépôts et consignations. Elle a été rendue à l'époque de la dépréciation des assignats ; les porteurs d'effets négociables, pour ne pas recevoir leur paiement en assignats sans valeur, attendaient un moment plus favorable pour en obtenir le remboursement, voilà ce que la loi a voulu empêcher. Il a été jugé par la Cour de cassation, le 12 février 1806, qu'il n'était pas nécessaire que le débiteur fasse autant d'actes de dépôt séparés qu'il a d'effets entre les mains, et qu'il n'était pas nécessaire que le dépôt fût effectué le troisième jour au plus tard après celui de l'échéance des effets.

La faculté qu'offre cette loi pour se libérer est applicable à tous débiteurs d'effets de commerce, qu'ils soient ou non négociants. Du moment que le débiteur a fait les fonds au domicile indiqué pour le paiement, il se trouve libéré comme s'il avait opéré la consignation prescrite par la loi de thermidor an III. Cette loi a introduit de nouvelles facilités pour se libérer; elle n'a nullement entendu supprimer celles qui existaient en vertu du droit commun.

Cette consignation est applicable à tous effets négociables par la voie de l'endossement, quelle que soit leur cause et n'eussent-ils pas été négociés; elle peut être opposée aux porteurs étrangers comme aux porteurs français. (Cass., 5 octobre 1814.) Quand bien même le débiteur de l'effet connaîtrait quel est le porteur du titre au moment de l'échéance, du moment que celui-ci ne se présente pas pour se faire payer, il peut consigner en se conformant à notre loi. (Toullier, t. VII, 208.)

Cette loi qui a donné lieu à beaucoup de difficultés dans les années qui ont suivi sa promulgation, paraît aujourd'hui sans utilité, car nous ne trouvons pas d'arrêts récents qui y soient relatifs; cela tient à ce que, comme nous l'avons dit en commençant, elle a été faite en vue d'une situation qui n'existe plus.

4° La clause à ordre ayant pour effet de rendre le titre commerçable, sa négociation se trouve soumise à l'intermédiaire des agents de change, 76 Co. A Paris, ils négligent cette branche de leurs fonctions pour se livrer exclusivement à la négociation des effets publics à laquelle ils ont déjà de la peine à suffire. En province, il n'en est pas ainsi, les agents de change négocient beaucoup de papier de commerce et ils se montrent fort jaloux de leurs attributions. C'est ainsi que les agents de change de Marseille ont fait traduire en police correctionnelle de soi-disant courtiers de banque dont l'occupation consistait à négocier au fond du papier de commerce et conséquemment à empiéter sur le privilége que la loi leur accorde. En vain ces courtiers ont-ils prétendu que la transmission à laquelle ils servaient d'intermédiaires avait lieu à forfait, opération nouvelle et propre à Marseille que le Code n'avait pu prévoir ou qu'elle avait pour but de la part de l'acquéreur de l'effet de garantir, moyennant une prime, le cédant, ce qui la transformait en assurance. Ces diverses circonstances, a-t-on répondu victorieusement, ne peuvent faire qu'il n'y ait eu négociation ; la loi s'est servie des expressions les plus générales, les plus compréhensives, pour qu'elles s'appliquassent aux diverses hypothèses variables à l'infini, (puisque toute liberté est laissée aux conventions des parties), qui peuvent modifier la négociation des effets de commerce, mais sans altérer, sans faire disparaître le caractère principal et essentiel de ce contrat, à savoir le caractère de vente ou de cession d'un effet ou papier commerçable. (Cass., 21 janvier 1868.)

5° La clause à ordre n'est pas sans influence en ce qui concerne la compétence. Voici en effet comment s'exprime l'art. 637, Co. : « Lorsque ces lettres (réputées simples promesses) et ces billets à ordre porteront en même temps des signatures d'individus négociants et d'individus non négociants, le tribunal de commerce en connaîtra ; mais il ne pourra prononcer la contrainte par corps contre les individus non commerçants, à moins qu'ils ne soient engagés à l'occasion d'opérations de commerce, trafic, change, banque ou courtage. » Le tribunal de commerce, on le voit, pourra se trouver compétent par exception pour connaître de questions civiles. Il importe peu que le non-commerçant qui a apposé sa signature sur un titre à ordre où se trouvaient déjà apposées des signatures de commerçants, l'ait fait avant ou après ceux-ci. C'est ce que décide fort bien la Cour de Bastia, dans son arrêt du 28 août 1854 : « Considérant que l'art. 637 dispose en termes exprès que les tribunaux consulaires connaissent des contestations nées des billets à ordre portant en même temps des signatures d'individus négociants et d'individus non négociants ; considérant que ces principes sont applicables même dans le cas où le souscripteur originaire n'est pas négociant et où les endosseurs seuls sont revêtus de cette qualité. »

Une question sérieusement débattue est celle de savoir, si le tribunal de commerce est compétent quand on actionne seulement un des signataires non-commerçants ; l'affirmative prévaut en général en doctrine et en jurisprudence, on se trouve en présence de l'art. 637 qui est absolu dans ses termes, l'esprit de la loi ne peut pas être que le créancier puisse faire juger sa prétention à son gré par la juridiction consulaire ou par la juridiction civile. La signature du commerçant imprime à l'obligation un caractère indélébile. (Paris, 26 mars 1858). Cette solution, au surplus, ne lèse en aucune façon les droits de celui qu'on actionne devant la juridiction consulaire, puisqu'en s'obligeant dans les formes usuelles du commerce, il a dû s'attendre à ce que la juridiction consulaire devînt compétente par l'apposition de signatures de commerçants sur un titre destiné à circuler. L'art. 636 vient à l'appui de notre opinion, car il en résulte que le tribunal de commerce ne devra renvoyer au tribunal civil que quand le billet ne contiendra que des signatures d'individus non négociants.

Pour que les art. 636 et 637 trouvent leur application, il faut qu'il s'agisse de billets à ordre ou de lettres de change conformes aux prescriptions de la loi, autrement le tribunal civil serait compétent, le tribunal de commerce ne pourrait l'être qu'autant qu'il s'agirait d'une contestation entre deux commerçants. C'est ce qui a été jugé dans le cas où on avait oublié de mentionner la valeur fournie. (Riom, 6 mai 1817. — Toulouse 17 novembre 1826).

Les art. 636 et 637, en parlant de signatures d'individus négociants, supposent ceux-ci obligés en qualité de tireur, de souscripteur, d'endosseur ou donneur d'aval ; mais que faut-il décider quand la signature du commerçant aura été apposée au-dessous d'un endossement irrégulier ou en blanc ? M. Bravard, d'accord avec un arrêt de la cour de Bordeaux du 19 décembre 1827, enseigne (t. VI, p. 434) que l'endossement en blanc ne valant que procuration et n'autorisant pas le mandataire à assigner le mandant en paiement des effets qu'il est chargé de négocier ou de recouvrer pour son compte, le tribunal de commerce est incompétent. Cette opinion ne doit pas, à mon avis, prévaloir ; les art. 636 et 637 parlent de signatures d'individus négociants sans spécifier à quel titre elles ont été apposées sur les effets ; du reste, l'endosseur qui a transmis le titre d'une manière irrégulière se trouve tenu et peut être actionné, aussi ne pouvons-nous pas distinguer là où la loi ne distingue pas. La jurisprudence la plus récente est contraire à notre doctrine. (Caen, 12 juin 1854 et Orléans, 27 juillet 1864.

Nous ne donnerions pas cette solution, s'il n'y avait d'autre signature de négociant que celle du tiers porteur appelé à donner son *pour acquit* sur le billet. (Paris, 10 décembre 1861). Il faut une signature de négociant qui puisse le soumettre à un recours en garantie. Il en serait de même encore, si le signataire avait exprimé en termes formels, qu'il n'agissait que comme mandataire de son endosseur.

6° La clause à ordre a pour effet d'empêcher le juge d'accorder des délais ou de fractionner les paiements, quand le débiteur est malheureux. La question n'offre que peu de difficulté, quand il s'agit de dettes commerciales; mais la solution que nous donnons n'en est pas moins générale, parce que le porteur a reçu ce titre à titre de monnaie. Du reste si l'on admet que le débiteur peut renoncer au bénéfice de l'art. 1244, notre solution se trouvera commandée, car le débiteur, en souscrivant un effet à ordre, a par cela même renoncé tacitement à ce bénéfice, autrement le tiers porteur n'aurait pas consenti à prendre l'effet. La Cour de Bordeaux a consacré ces principes dans deux arrêts des 17 et 24 mars 1858.

7° Dans le cas d'un titre à ordre, les créanciers du porteur ne peuvent pratiquer une saisie-arrêt dans les mains du débiteur de l'effet au préjudice des porteurs ultérieurs. (V. 149 Co.) Cette règle est formellement reconnue par la loi en matière de lettres de change et de billets à ordre. Le 5 avril 1826, la Cour de cassation a décidé avec raison, que le souscripteur d'un billet à ordre ne doit pas obtempérer à un jugement qui déclarerait la validité d'une saisie-arrêt pratiquée au préjudice du premier endosseur, un tel jugement étant sans effet relativement au porteur. Le 25 juillet 1855, la Cour de cassation a consacré la même solution dans le cas où la saisie-arrêt avait eu lieu postérieurement à l'échéance, et où l'endossement avait été opéré postérieurement à la saisie, en se fondant sur ce que l'opposition au paiement d'une lettre de change n'est admise qu'en cas de perte ou de faillite du porteur, et qu'il ne résulte d'aucune disposition de la loi, que l'époque de la transmission doive détruire ou modifier la nature et les conditions du titre transmis.

Le porteur d'une traite dont le montant a été l'objet d'une saisie-arrêt avant sa demande en paiement par un créancier du tireur, ne peut, suivant la Cour de Paris, être autorisé à en toucher le montant par le juge du référé, parce que le référé aurait pour effet de faire préjudice au fond. (806 C. proc. Paris, 7 février 1866.)

Cette doctrine manque d'exactitude, suivant nous, parce que le titre à ordre étant insaisissable, le référé ne peut faire préjudice à une saisie-arrêt qui est légalement impossible.

Au surplus, la saisie-arrêt nous semble impossible, non-seulement quand l'effet se trouve entre les mains d'un tiers porteur, mais encore quand il est demeuré entre celles du bénéficiaire lui-même, à cause de la nature du titre et parce que la seule possibilité d'une saisie-arrêt pourrait donner lieu à des saisies de complaisance, dont le but serait d'empêcher le paiement à l'échéance. Seulement comme la question est délicate et controversée, le débiteur de l'effet fera toujours bien de ne payer qu'après un jugement du tribunal de commerce rendu sur assignation à bref délai par le porteur qui devrait même obtenir des dommages-intérêts dans l'opinion qui admet la possibilité de la saisie, à supposer qu'elle soit mal fondée. Dans cette opinion l'arrêt de la Cour de Paris se justifie de lui-même.

8° La nécessité de faire dresser protêt à l'échéance, imposée au porteur de la lettre de change ou du billet à ordre, qui a éprouvé un refus de paiement, n'est pas la conséquence nécessaire de ce que le titre est à ordre, mais elle s'y rattache par un lien assez étroit.

En effet, le créancier se trouvant inconnu par suite de la clause à ordre et ayant un recours à exercer contre tous ceux qui le précèdent, il était naturel dans l'intérêt de ces personnes demeurant tenues pour une obligation qui ne les concerne plus, de leur apprendre en cas de refus de paiement, par un acte porté à leur connaissance dans un bref délai, envers quel créancier elles se trouvaient obligées, et au cas où l'acte n'aurait pas été dressé, de les libérer définitivement dans l'impossibilité où elles pouvaient être de trouver le créancier en vertu du titre.

L'endosseur ne pourrait se prévaloir du défaut de protêt à l'échéance, s'il était établi que c'est par son propre fait que le protêt a été rendu impossible, par exemple, en s'opposant à ce que le billet déposé entre les mains d'un tiers fût remis au porteur. (Cass., 5 août 1858.)

La nécessité de faire dresser protêt ne se comprend que dans les titres qui ont le caractère d'effets de commerce; on ne la comprendrait pas pour la simple créance civile à ordre, par exemple, pour l'obligation de constituer hypothèque à telle personne ou à son ordre, en cas de refus.

9° La clause à ordre imprime au titre un caractère

tel, que le législateur a dû déroger aux règles ordinaires en matière d'enregistrement et de timbre.

Tout effet négociable donne lieu à un droit de 50 cent. p. 0/0 ; l'effet pourra n'être présenté à l'enregistrement qu'avec le protêt qui en sera fait, (loi du 22 frim. an VII, art. 69 § 2, nº 6). D'après la loi de frimaire, il n'était dû aucun droit pour les lettres de change ; la loi du 28 avril 1816, tout en maintenant une législation plus favorable pour les lettres de change, est venue supprimer l'exemption, le droit d'enregistrement est de 0 fr. 25 c. p. 0|0, la lettre peut n'être présentée à l'enregistrement qu'avec l'assignation qui doit être faite.

La loi s'est montrée beaucoup plus favorable pour les effets négociables que pour les créances ordinaires, car celles-ci sont assujetties à un droit de 1 fr. p. 0|0. Si le titre à ordre n'indiquait pas la valeur fournie, le droit n'en serait pas moins dû. Le droit de 50 cent. p. 0|0 atteint l'effet quelle que soit la cause de l'obligation, par exemple, le titre fût-il causé *valeur en marchandises* et s'agit-il d'une vente de meubles qui d'ordinaire donne lieu à un droit de 2 p. 0|0, il n'y aura lieu de percevoir qu'un demi p. 0|0. Qu'il s'agisse d'une vente de meubles ou d'immeubles qui a déjà donné lieu à la perception du droit qui la concerne, l'effet devra être soumis à la perception d'un droit d'un demi p. 0|0, parce que l'impôt dont il s'agit, comme le dit en termes excellents M. G. Demante, atteint non pas la cession, mais la cessibilité du titre (1).

---

(1) *Exposition raisonnée des principes de l'Enregistrement*, 2ᵉ édition, t. I, nºˢ 499 et 500.

Si l'effet avait été passé devant notaire, il faudrait suivre les règles que nous venons de voir en ce qui concerne la quotité du droit, mais quant au délai requis pour présenter l'effet, la Cour suprême veut qu'il le soit dans les dix ou dans les quinze jours de sa date suivant la distinction écrite dans l'art. 20 de la loi de frimaire. (Cass., 29 juin 1835.)

L'endossement est dispensé de tout enregistrement, tandis que les cessions ordinaires sont assujetties à un droit de 1 p. 0[0, art. 69, § 3, n° 3. Si l'endossement était fait par acte séparé, il devrait, suivant M. Nouguier, être soumis au droit de 50 cent. p. 0[0, qui est celui des cautionnements ; comme nous n'en avons pas moins un véritable endossement, il n'y a aucun droit d'enregistrement à exiger, mais j'exigerais celui de timbre parce que nous avons un effet négociable.

Aux termes de la loi du 5 juin 1850, tous les effets négociables sont soumis au timbre qui est de 0, 05 c. p. 0[0 sans fractions, en sorte que pour 110 fr. le droit est de 0, 10 c. comme pour 200 fr. Cette loi édicte des peines sévères contre ceux qui contreviendront à ses dispositions. Elle a eu pour but de réprimer les contraventions au timbre qui se multipliaient dans une proportion alarmante pour les intérêts du fisc.

Les bons ou billets à ordre ou au porteur à échéances déterminées et portant intérêt, remis par une société commerciale à ses clients, conformément à ses statuts, en échange de sommes versées à sa caisse, sont des obligations purement privées, soumises simplement au droit proportionnel de 0, 05 cent. p. 0[0, auquel sont soumis les lettres de change, billets à ordre ou au porteur, mandats, retraites et autres effets négociables ou de commerce et non au droit proportionnel de 1 p. 0/0, auquel sont soumises les actions des sociétés et les obligations des départements, des établissements publics et des compagnies. (Loi du 5 juin 1850, art. 1 et 27. Cass., 17 août 1869.)

CHAPITRE DEUXIÈME.

Des conséquences de la clause à ordre dans certains titres spéciaux.

Dans ce chapitre, nous allons étudier les conséquences de la clause à ordre dans les titres suivants, à raison de leur nature spéciale : chèques, warrants et récépissés, connaissements, billets de grosse, polices d'assurances, lettres de voiture, bons du Trésor, du Mont-de-Piété, de la Caisse de la boulangerie, etc.

PREMIÈRE SECTION.

Chèques.

Le chèque peut être à personne dénommée, au porteur ou à ordre. Le chèque à personne dénommée présente deux inconvénients : il oblige celui qui le reçoit à aller toucher lui-même, chez le banquier, le montant du titre ; on comprend qu'il préfère recevoir de l'argent ; en second lieu, le souscripteur du titre peut faire opposition au paiement, si, avant l'échéance, il est devenu créancier du bénéficiaire, ou si celui-ci n'a pas rempli les engagements en vue desquels a eu lieu la remise du chèque. C'est ce qui a été jugé par le tribunal de commerce de la Seine, le 31 janvier 1862. Cette décision, antérieure à la loi qui a depuis réglementé la matière des chèques, serait encore vraie aujourd'hui.

Ces deux inconvénients ne se retrouvent pas dans le chèque au porteur; mais en cas de perte, il permet au premier venu qui s'en trouve muni de se faire payer; ceci est d'autant plus à craindre que l'époque de l'échéance étant toujours très-rapprochée de celle de l'émission, on peut ne pas avoir le temps de faire opposition. Le chèque à ordre sera soustrait aux inconvénients de chacune de ces deux espèces de titres; on ne pourra le soustraire, parce que la transmission ne peut avoir lieu que par la signature du bénéficiaire. Quand le tireur ne résidera pas dans le même lieu que le bénéficiaire, si le titre est à ordre, il ne craindra pas de le lui envoyer par la poste; s'il est au porteur, il fera bien, pour éviter les chances de perte ou de vol, de faire charger la lettre, quoique ce soit une dépense de temps et d'argent.

La clause à ordre insérée dans un chèque a pour effet de le rendre cessible par voie d'endossement.

En matière de lettres de change et de billets à ordre, 138 Co., l'endossement doit être daté, énoncer la valeur fournie et le nom de celui à qui l'ordre est passé. La loi de 1865 n'exige pas ces formalités, un endossement en blanc suffira pour le transport de la propriété. Voici ce que nous dit à cet égard l'exposé des motifs de la loi : « Les dispositions du Code de commerce, qui, pour la lettre de change, refusent à l'endossement en blanc les effets d'un endossement régulier, sont depuis longtemps discutées. Sans examiner une question délicate, en ce qui concerne la lettre de change, on reconnaîtra, nous le pensons, que pour le chèque, il n'y avait pas de raison suffisante pour proscrire l'endos en blanc, puisque le chèque peut indifféremment être souscrit à une personne dénommée ou au porteur. »

Celui qui détient un chèque en vertu d'un endos en blanc pourra, pour se soustraire à toute éventualité fâcheuse, remplir le blanc à son profit, et il le pourra avant l'échéance, quels que soient les événements qui surgissent, notamment le décès ou la faillite de l'endosseur. Nous avons vu qu'en matière de lettres de change et de billets à ordre la règle était autre. Le titre peut se trouver égaré et tomber aux mains d'un individu qui ne reculera pas devant le faux pour se l'approprier. En pareil cas, le tiré qui aura payé sera-t-il obligé de payer une seconde fois ? Non, s'il n'y a aucune faute à lui reprocher et s'il a eu soin de faire apposer le *pour acquit* au porteur.

C'est ce que constate M. Darimon dans son rapport : « Le simple fait d'un endossement qui serait le résultat d'une fraude, ne fera pas jaillir la perte sur le banquier dans le cas où celui-ci serait dans l'ignorance de la fraude. » Cette solution est en harmonie avec la disposition de l'art. 145, Co. Seulement, comme le banquier connaîtra l'identité du porteur qui a apposé son *pour acquit*, il devra donner les renseignements nécessaires, et l'on cherchera à découvrir ainsi l'auteur de la fraude.

La propriété de la provision se trouve transférée par l'endossement. Cette solution, admise par la jurisprudence en matière de lettres de change, doit également prévaloir quand il s'agit de chèques, car il n'y a aucune raison de distinguer. Si la propriété d'une somme se trouve transférée quand la cession a eu lieu conformément aux règles du droit civil, elle doit l'être également quand il y a eu endossement ; car c'est un mode de cession dérivant de la clause à ordre, qui a pour but de soustraire ceux qui l'emploient aux formalités rigoureuses du droit civil. Cette solution ressort d'un jugement du tribunal de commerce de Nantes, suivant lequel l'écrit sous forme de récépissé, remis à un tiers pour toucher des fonds disponibles au crédit du signataire, ne transfère pas au porteur, à l'instant même de sa remise, la propriété de la somme dont il est destiné à procurer l'encaissement. Pour qu'il en soit ainsi, il faut que le récépissé produit soit un véritable chèque. (Trib. de comm. de Nantes, 6 juillet 1867.)

Avant la loi de 1865, le 3 mars 1864, il a été jugé par la Cour de Paris que le récépissé-chèque est transmissible de la main à la main, sans qu'il soit besoin d'endossement ni de transport alors même qu'il n'énonce pas être payable au porteur, et que le porteur avait vis-à-vis du tireur un droit personnel semblable à celui résultant de tout effet de commerce ; que celui-ci, en cas de recours pour défaut de paiement, ne pouvait lui opposer les exceptions qu'il eût pu opposer au cédant. Cette solution, appuyée alors sur des usages, était exacte ; aujourd'hui elle ne ferait aucun doute comme rentrant dans l'esprit de la loi.

Les endosseurs se trouvent garants solidaires avec le tireur en cas de défaut de paiement à l'échéance. (Art. 3

de la loi de 1865). Mais comme toutes les conventions qui ne sont pas contraires à la loi doivent être déclarées valables, il n'en serait plus ainsi si l'un des endosseurs avait endossé le titre *à forfait,* pourvu que la provision ait été faite, car cette condition est de rigueur. Si une fois la provision faite, le tiré l'avait dissipée, comme ce n'est plus une question d'existence de la provision analogue à celle d'existence de la créance en cas de transmission de billets à ordre ou de lettres de change, mais une question de solvabilité, l'endosseur qui aurait négocié le titre à forfait aurait mis sa responsabilité à couvert. L'usage de cette clause sera rare dans les chèques, parce que leur circulation est fort restreinte en raison du rapprochement de l'émission et de l'échéance.

DEUXIÈME SECTION

Warrants et récépissés.

Le système des magasins généraux remonte à une époque assez rapprochée de nous ; son origine est due à la crise désastreuse qui fut le résultat de la révolution de 1848. On s'est habitué à regarder le magasin général comme le Mont-de-Piété de la marchandise, et ceux qui y avaient recours comme des négociants embarrassés et à la veille de faire de mauvaises affaires. Cette origine a nui au développement de l'institution, qui, malgré tous les encouragements qui lui ont été donnés, n'est pas encore entrée dans nos mœurs commerciales.

L'art. 3 du décret du 21 mars 1848 porte qu'il est délivré aux déposants des récépissés extraits de registres à souche, transmissibles par voie d'endossement et transférant la propriété des objets déposés. Aux termes de l'art. 7 de l'arrêté du 26 mars 1848, toute personne qui voudra prêter sur des marchandises déposées sera valablement saisie du privilége de nantissement par le transfert du récépissé à son ordre. Cette unité de titre pour constater à la fois la vente et le nantissement présentait de graves inconvénients, car une fois le titre engagé pour une valeur de beaucoup inférieure à la marchandise, on ne pouvait plus en disposer pour le surplus. En outre, l'art. 7 du même arrêté prescrivait pour la validité du transfert, en cas de vente comme en cas de nantissement, l'inscription du transfert sur les registres du magasin. C'était là un obstacle sérieux apporté à la négociation. L'art. 11 de l'arrêté du 26 mars portait, qu'à défaut de paiement à l'échéance, le cessionnaire porteur du récépissé pourra exercer son recours contre l'emprunteur et les endosseurs ou sur la marchandise. Cette mesure était fâcheuse, car quand on engage sa marchandise, c'est pour dégager d'autant son crédit personnel.

Ces inconvénients attirèrent l'attention du législateur, et en 1858 une nouvelle loi vint réglementer la matière. On a dédoublé le titre unique pour en faire le récépissé servant à transférer la propriété de la marchandise et le bulletin de gage ou warrant servant à l'engager. Le déposant veut-il emprunter? Il transfèrera seulement le bulletin de gage, le gage suivra le bulletin dans toutes les mains où il passera. Le déposant veut-il aliéner la marchandise? Si celle-ci est libre, il transfèrera à la fois le bulletin de gage et le récépissé, sinon il ne transfèrera que ce dernier titre, et la marchandise passera entre les mains de l'acquéreur telle qu'elle était entre celles du déposant, c'est-à-dire grevée d'un privilége.

L'endossement du récépissé n'a pas toujours pour conséquence légale le transport de la propriété ; on peut avoir transmis le titre au porteur en qualité de mandataire pour vendre ou se faire livrer la marchandise ; il suffit, aux termes de l'art. 4, que l'endossement confère au porteur le droit de disposer la marchandise. L'endossement du récépissé et du warrant transférés ensemble ou séparément, doit être daté ; c'est à tort qu'on a jugé que l'endossement des récépissés devant aux termes de la loi de 1858 être signé et daté, il n'y avait lieu d'exiger d'autres formalités, et qu'un tel endossement suffisait pour transférer la propriété, sans qu'on eût besoin de prouver *extrinsecus* que la valeur avait été fournie. (Aix, 2 août 1867.) Les art. 136 et s. Co. constituent le droit commun des effets de commerce, et il n'y a pas de raison pour y déroger en faveur des titres en question. S'il y avait antidate, la peine du faux en serait la conséquence. (139 Co.)

« L'endossement du warrant séparé du récépissé doit en outre énoncer le montant intégral en capital et intérêts de la créance garantie, la date de son échéance et les noms, profession et domicile du créancier. Le premier cessionnaire du warrant doit immédiatement faire transcrire l'endossement sur les registres du magasin avec les énonciations dont il est accompagné. Il est fait mention de cette transcription sur le warrant. » (Art. 5.)

Pour l'endossement du récépissé il n'y a pas de constatation sur les registres ; elle serait nuisible comme obligeant à des formalités inutiles que le commerce redoute toujours. Quand on négocie un récépissé, le porteur peut être fort embarrassé, car il ignore pour combien la marchandise est engagée ; il est vrai que la transcription du premier endossement, dont nous allons parler, lui donnera tous les renseignements désirables ; mais il peut être loin du siége de l'administration et peu jaloux de faire les démarches nécessaires. En pareil cas la Banque de France a imaginé un expédient : l'administrateur du dock, en même temps qu'il transcrira la dette garantie sur le talon, transcrira cette même dette sur le récépissé pour prévenir l'acheteur. Cette mention à son égard opère mieux que celle qui est faite sur le talon, mais elle ne peut la remplacer, car en cas de perte du récépissé, on ne pourrait prouver que la marchandise était grevée d'un droit de gage. Si l'on voulait alors aliéner la marchandise, il faudrait donner des cautions, tandis que la mention sur le talon sera toujours là pour donner les renseignements dont on aura besoin. L'endossement du warrant doit être transcrit sur les registres du magasin général, car c'est lui qui fait connaître, d'une manière précise, l'importance de la créance garantie. La transcription n'aura lieu que pour le premier endossement, pour ceux qui suivent il n'y a plus les mêmes motifs; en effet, le but qu'on se propose est atteint, les tiers connaissent l'importance de la créance garantie, mais peu leur importe que ce soit Pierre, Paul ou Jacques qui soit créancier. Exiger la transcription de tous les endossements, ce ne serait pas seulement exiger une formalité inutile, ce serait entraver singulièrement la circulation du titre.

Cette transcription sur les registres n'est pas facultative, elle est obligatoire à l'effet de conférer au porteur du warrant le privilége résultant du nantissement; en conséquence, si une saisie-arrêt intervient avant cette transcription, il n'y aura pas de privilége. C'est en vain qu'on objecterait que l'art. 16 du décret réglementaire décide que tout cessionnaire du warrant *peut* exiger la transcription; d'abord, ce décret pourrait bien être contraire à la loi, et comme tel non obligatoire, mais il y a mieux, il n'a entendu parler que des cessionnaires postérieurs au premier endossement qui voudraient faire connaître leurs droits quand ils y auraient intérêt, par exemple en cas de vente du gage après l'échéance. (V. art. 8 de la loi.) Le décret ne s'est pas occupé, et il ne le pouvait pas, de la transcription du premier endossement, qui est réglée par la loi. On objecte que, sur ce point, la loi de 1858 aurait été abrogée par celle de 1863 sur le gage commercial, qui a supprimé l'enregistrement. L'objection porte à faux, car la transcription est plus utile que l'enregistrement, dont le but unique est de donner date certaine à l'acte; elle permet aux tiers intéressés de connaître le montant de la créance garantie, et cela d'une manière authentique.

La Cour de Paris a jugé qu'en pareil cas l'administrateur du dock, qui avait laissé le tiers porteur du warrant vendre les marchandises et en toucher le prix au mépris de la saisie-arrêt, était responsable, ce qui est juste; mais la Cour a eu le tort d'allouer au saisissant, comme réparation du préjudice, une somme égale au montant de la vente, déduction faite des frais privilégiés, puisque le préjudice qui devait être réparé, aux termes de l'art. 1382, C. Nap., n'équivalait qu'au dividende que le saisissant aurait obtenu en concours avec le porteur.

Le propriétaire de la marchandise engagée peut désirer la libérer de suite sans attendre l'échéance de la dette. Comment s'y prendra-t-il? L'art. 6 de la loi répond à la question : Si le porteur est connu et si le propriétaire est d'accord avec lui sur les conditions de l'anticipation de paiement, pas de difficulté ; mais s'il est est inconnu ou si, étant connu, le propriétaire n'est pas d'accord avec lui, il se libérera en consignant la somme due, y compris les intérêts jusqu'à l'échéance, à l'administration du magasin général, qui en demeurera responsable.

« A défaut de paiement à l'échéance, le porteur du warrant séparé du récépissé peut, huit jours après le protêt et sans aucune formalité de justice, faire procéder à la vente publique aux enchères et en gros de la marchandise engagée, dans les formes et par les officiers publics indiqués dans la loi du 28 mai 1858. Dans le cas où le souscripteur primitif du warrant a remboursé, il peut faire procéder à la vente de la marchandise, comme il est dit au paragraphe précédent, contre le porteur du récépissé, huit jours après l'échéance, et sans qu'il soit besoin d'aucune mise en demeure. » Art. 7.

L'art. 8 a introduit une amélioration, en obligeant le prêteur à discuter d'abord la marchandise ; le crédit personnel du déposant se trouve dégagé d'autant et celui des endosseurs se trouve également dans une meilleure position, car ils ne sont sujets à être actionnés que si la marchandise est insuffisante pour désintéresser le prêteur, ce qui est rare, attendu qu'on prête toujours pour une somme inférieure à la valeur de la marchandise, afin d'être en garde contre les dépréciations qui peuvent résulter de la baisse des cours ou des avaries.

Le porteur du warrant échu peut avoir accordé un délai au porteur du récépissé d'une marchandise déposée dans un magasin général qui le sollicitait, pour faciliter au débiteur le paiement de la dette garantie par ce warrant, afin d'empêcher la vente de la marchandise déposée. Dans ce cas, le porteur du récépissé est responsable envers le porteur du warrant de l'augmentation des frais d'emmagasinage pendant ce délai, si cette augmentation a eu pour résultat, qu'à l'expiration du délai, la marchandise ayant été vendue faute de paiement, le produit net en a été insuffisant pour désintéresser le porteur du warrant. (Aix, 8 juillet 1868.)

Il faudra, à défaut de paiement à l'échéance, si le porteur du warrant veut assurer son recours contre les endosseurs, qu'il fasse protester, et qu'il leur notifie le protêt et les assigne en paiement dans les quinze jours qui suivront, augmentés des délais de distance. Mais ici nous rencontrons un obstacle : ce délai ne peut courir que du jour de la réalisation de la vente, car c'est la réalisation de cette vente qui ouvre le recours contre les endosseurs, sans quoi le porteur eût été déchu pour n'avoir pas exercé son recours à une époque où il ne pouvait agir ; seulement, pour fixer le plus tôt possible leur situation, le porteur devra procéder à la vente dans le mois qui suivra le protêt.

Les récépissés sont des effets négociables, comme tels ils sont soumis au timbre en vertu de la loi de 1850. Le droit de mutation est un droit fixe de 1 fr. qui existait avant la loi de 1858 ; on a considéré que soumettre la transmission de propriété de ces effets à un droit proportionnel de 2 p. 100, comme elle aurait dû l'être d'après le droit commun, ce serait nuire à leur circulation (art. 69 § V 1° de la loi de frim.).

Quant aux warrants, ils sont soumis au timbre de 0,05 c. p. 100 comme les récépissés. Le droit d'enregistrement n'est dû que quand ils sont négociés séparément du récépissé, parce que c'est seulement alors qu'ils prennent le caractère d'effets de commerce; il sera au surplus rarement perçu, attendu qu'il ne le sera que s'il y a production en justice, or, le gage se réalise sans qu'on ait à s'adresser à la justice. Si le warrant a eu lieu sur un effet non timbré, le magasin qui aura laissé enregistrer le premier endossement sur ses livres serait passible d'une amende égale au montant du droit auquel le warrant est soumis; les préposés de l'enregistrement ont droit à la communication des registres.

En principe, les règles applicables aux effets de commerce le sont aux warrants et récépissés. C'est ainsi qu'il a été jugé par la Cour de Paris le 31 décembre 1862, que l'endossement régulier et sans fraude de récépissés de marchandises déposées dans les magasins généraux, est translatif vis-à-vis des tiers du droit de disposer des marchandises; en conséquence, le tiers porteur de bonne foi n'est pas passible des exceptions opposables à l'endosseur par le vrai propriétaire des marchandises ou les créanciers de sa faillite.

Dans le même ordre d'idées, il a été jugé que celui qui détient des récépissés et warrants par suite du dépôt des marchandises dans un magasin général, n'a dans le cas de faillite du propriétaire des marchandises aucun droit de rétention sur ces récépissés et warrants à raison des avances qu'il avait faites au failli, s'ils ne lui ont pas été régulièrement endossés par le déposant. (Cass. 19 décembre 1865). La loi de 1858 reconnaît la transmissibilité de ces titres par la voie de l'endossement, mais elle n'établit aucun droit de rétention au profit d'un tiers qui n'en étant pas régulièrement saisi, se trouve sans droit sur eux.

Le warrant est-il un effet de commerce dans le sens de l'art. 446, § 3 Co., en d'autres termes, l'endossement d'un warrant dans les dix jours qui ont précédé la faillite, pour dette échue, vaut-il comme paiement en effets de commerce ? S'il a été endossé en même temps que le récépissé, il faut avec la Cour de cassation répondre négativement (7 mai 1866), parce que le warrant n'est pas un de ces effets que l'art. 446 entend assimiler à des espèces monnayées et qui soient reçus comme tels dans le commerce.

L'art. 446 ne s'applique pas aux titres qui, bien que transmissibles par la voie de l'endossement, n'ont trait cependant qu'aux droits du porteur sur des marchandises, tels que les connaissements et lettres de voiture. Celui auquel a été remis le récépissé n'a pas acquis un titre qui emporte de la part d'un tiers obligation de payer une certaine somme d'argent à une échéance déterminée, l'administration du magasin est seulement tenue de délivrer les marchandises dont elle est dépositaire ; il n'y a donc là rien qui ressemble à l'endossement d'une lettre de change ou d'un billet à ordre qui représente une créance sur un tiers.

Le warrant qu'on endosse en même temps que le récépissé au profit de son créancier, ne représente pas une créance sur un tiers obligé par l'acte d'acquitter la dette ; l'endossement simultané du récépissé et du warrant est nul comme constituant un paiement en marchandises ou un nantissement, actes défendus dans les dix jours qui précèdent la cessation des paiements.

Dans le cas que nous venons d'étudier, l'endossement du warrant ne constitue pas un paiement de dette échue ; mais en est-il de même quand il a été endossé seul ? Il faut distinguer deux hypothèses : d'abord l'endossement pour une dette échue d'un warrant seul a-t-il été consenti par le déposant, il ne constitue qu'un simple gage ou nantissement qui doit être annulé, si l'endossement a eu lieu depuis la cessation des paiements du propriétaire des marchandises ou dans les dix jours qui l'ont précédée. Si les marchandises warrantées avaient été vendues suivant les formalités prescrites par la loi par un tiers porteur de bonne foi, le créancier premier cessionnaire du warrant ne serait tenu de rapporter à la faillite qu'une somme égale au produit net de la vente. C'est ce que la Cour de Rennes a admis dans un arrêt récent parfaitement motivé que nous allons reproduire en partie : « Considérant que transmis à un créancier soit pour garantie d'un prêt, dont il est presque toujours le stimulant et le plus souvent la condition exclusivement déterminante, soit pour garantie du remboursement ultérieur d'une créance préexistante, même déjà échue ou pour laquelle un nouveau terme est accordé, il ne saurait être considéré comme paiement de la somme prêtée ou renouvelée, les mots de garantie, gage, nantissement, ne pouvant se concilier avec celui du paiement et en étant même la manifeste contradiction ; considérant que cette interprétation trouverait au besoin sa consécration dans la loi de 1863, qui généralise la mobilisation et la transmission par voie d'endossement du gage en matière commerciale, et dont l'exposé des motifs affirme à plusieurs reprises l'applicabilité en ce qui la concerne dudit paragraphe de l'art. 446 Co. » (Rennes 22 mars 1866.)

Nous passons à la seconde hypothèse : le warrant qui a été endossé seul, l'a-t-il été par un autre que le déposant, c'est-à-dire par un cessionnaire de celui-ci en paiement d'une dette échue, alors il y a paiement en effets de commerce, le warrant dans ce cas représentant la créance garantie par la marchandise et l'obligation du débiteur d'en acquitter le montant à une date fixe au porteur de l'ordre du créancier. Cette opinion a été développée dans une savante dissertation de M. Moreau, reproduite dans *Sirey* 1866. 1. 313.

Le tribunal de commerce de Lyon, le 19 juin 1865, avait consacré cette décision dans les motifs d'un jugement, en opposant le warrant au récépissé ; mais la Cour de Lyon, le 17 février 1866, tout en confirmant la décision du tribunal, qui refusait au récépissé tout autre caractère que celui d'un certificat de possession de la marchandise, préféra réserver la question relative au warrant sur laquelle elle n'avait d'ailleurs pas à se prononcer.

Tout ce que nous venons de dire n'est vrai que s'il s'agit de warrants, émis par les docks autorisés par le Gouvernement. Le dock n'est pas un monopole, il peut être établi par tout le monde, seulement en pareil cas, l'établissement non autorisé ne jouira pas des avantages que la loi accorde au dock autorisé. Il ne pourra pas servir d'entrepôt fictif, il ne pourra pas émettre des récépissés et des warrants produisant des effets que la loi leur attribue ; il émettra des bons de livraison et des certificats de dépôt, pour qu'on ne l'accuse pas de contrefaçon. Quand il s'agit de warrants émis par un dock autorisé, à défaut de paiement on fera vendre huit jours après protêt et le gage devra d'abord être discuté ; quand il s'agira d'un bulletin de gage délivré par un dock libre, comment procédera-t-on pour l'exécution ? Il faut distinguer suivant que l'emprunt est fait par un commerçant ou un non commerçant. Est-il fait par un commerçant, on n'appliquera pas pour la mise en gage la loi de 1858 sur les magasins généraux, mais celle de 1863 sur le gage commercial ; l'emprunteur transmettra le certificat de dépôt, qui est créé à ordre par l'endossement, il n'y aura pas besoin de transcription sur les registres du dock ; aux termes de la loi de 1863, le porteur pourra poursuivre huit jours après l'échéance, mais avec cette différence qu'il pourra d'abord poursuivre le souscripteur et les endosseurs, ce qui, nous l'avons vu, est mauvais. Le droit spécial de la loi de 1858 est donc ici préférable.

L'emprunt est-il fait au contraire par un non-commerçant, par exemple, un agriculteur, il faudra appliquer les règles du Code civil sur la mise en gage. On controverse en droit civil la question de savoir s'il faut un écrit sous seing privé enregistré, à cause de l'endossement qui n'est pas soumis à cette formalité. Nous admettrions volontiers l'affirmative : l'endossement ne fait foi de sa date que dans les effets de commerce, parce que dans ce cas l'antidate est punie de la peine du faux), il a fallu une sanction sévère pour éviter les fraudes en matière commerciale où tout doit se passer rapidement ; mais quand il ne s'agit plus que d'un simple titre civil, ces raisons n'ont plus de force.

Comme nous sommes ici en matière civile pour l'exécution du gage, il faudra obtenir l'autorisation de justice ; pour l'emprunteur non commerçant il sera beaucoup avantageux de déposer ses marchandises dans un dock autorisé, parce que si une transcription sur les registres est nécessaire, d'un autre côté, la mise en gage et la réalisation seront beaucoup plus faciles (1). On pourrait objecter au système que nous venons de présenter que la loi de 1858, quand elle a organisé les docks, n'a eu en vue que les dépôts qui seraient effectués par les commerçants. Quoique la vérité de cette assertion puisse être contestée, nous croyons qu'il en a été ainsi ; mais cela ne nous paraît pas suffisant pour ne pas faire rentrer dans les termes de la loi une situation qui y rentre parfaitement, sous le prétexte plus ou moins certain que celle-ci n'aurait pas été prévue par elle, du moment qu'il est constant que la loi n'a pas voulu l'exclure.

TROISIÈME SECTION.

Connaissements.

Le connaissement peut être à ordre, au porteur ou à personne dénommée. C'est l'usage qui a introduit les

---

(1) M. Léveillé, à son cours.

connaissements à ordre ou au porteur, ils offrent de grandes facilités et peu d'inconvénients. Dans le projet on ne disait pas que le connaissement pouvait être à ordre, mais le tribunal de commerce de Marseille et le conseil du commerce réclamèrent, de crainte qu'on ne vît se renouveler les discussions qui avaient eu lieu autrefois sur la légalité de la clause à ordre dans les connaissements. L'expéditeur est le maître de disposer de la marchandise qu'il embarque dans un navire, si cependant il n'a pas de correspondant dans le lieu où il fait l'expédition, ou bien, s'il veut se réserver l'initiative de la consignation jusqu'à ce qu'il ait des renseignements certains sur la solvabilité et la moralité de ceux à qui il doit adresser son expédition, il fera des connaissements à ordre ou au porteur, et sans perdre l'avantage de l'époque favorable à l'expédition qu'il a faite, il se sera réservé le droit de confier ses intérêts à celui qui lui fera les meilleures conditions.

La transmission d'une marchandise en cours de voyage s'opérera par la transmission du connaissement, dont les règles varieront avec la forme du titre. (Paris, 1er décembre 1860. Cass. 13 janvier 1862.)

La clause à ordre dans le connaissement a pour conséquence de le rendre cessible par voie d'endossement. L'endossement d'un connaissement qui ne serait pas à ordre ne vaudrait pas, du moins à l'égard des tiers. Voici comment s'exprime le tribunal de commerce de Marseille : « Attendu que le connaissement n'a pas été créé à ordre, que l'endossement à ordre, écrit par les sieurs R., était insuffisant pour transmettre la propriété, puisque le porteur en vertu de cet ordre n'aurait pas pu réclamer la marchandise à titre de propriétaire dans les mains du capitaine, que les sieurs R. ont seulement transmis au porteur, par cet ordre, le droit de se faire livrer la marchandise comme un gage d'un paiement qui devait être effectué, mais qui n'a pas été fait, que les tiers n'ont pu voir dans cet ordre qu'une cession incomplète ou un simple mandat. » (Trib de Marseille, 31 mars 1865.) De même que l'endossement d'un connaissement qui n'est pas à ordre est insuffisant pour transférer la propriété ou constituer un gage, au moins dans les rapports avec les tiers, de même la simple remise d'un simple connaissement à ordre ne peut suffire pour transférer la propriété ou constituer un gage. Cependant la Cour d'Aix, le 18 novembre 1858, a décidé que le nantissement peut valablement porter sur un connaissement d'une marchandise en cours de voyage, et que dans ce cas, la tradition du gage au créancier s'opérait par la seule remise du connaissement, sans même qu'un endossement soit nécessaire. Cette dernière doctrine est en contradiction avec la jurisprudence de la Cour suprême qui exige pour le transport de propriété un endossement régulier. (Cass. 1er mars 1843. Troplong. *Nantissement* nos 321 et suiv. Cpr. Cass. 19 décembre 1865.)

Si le connaissement était à personne dénommée, il faudrait observer les art. 1690 et suiv. c'est-à-dire faire une signification au capitaine ou obtenir son acceptation; en pratique, le connaissement est presque toujours à ordre ou au porteur.

Quand un connaissement ne contient aucun nom, ni aucune adresse de destinataire, et quand il est créé à ordre *ou aux ayants droit*, il a véritablement le caractère d'un titre au porteur et se trouve transmissible par la seule tradition. (Cass. 16 juillet 1860.) En pareil cas, on ne pourra objecter au porteur, qu'il n'est porteur qu'en vertu d'un endossement en blanc, puisque sans endossement aucun il serait légitime porteur.

La clause que la marchandise sera délivrée à tel consignataire ou *à qui pour lui*, n'équivaut pas à la clause à ordre et le porteur ne pourra se faire délivrer la marchandise au mépris d'une saisie-arrêt pratiquée contre le destinataire entre les mains de la compagnie chargée du transport. (Trib. de Marseille, 28 février 1860.) L'endossement du connaissement doit comme celui de tous les titres à ordre être daté, énoncer le nom de celui à l'ordre de qui il est passé et exprimer la valeur fournie. Autrefois on n'exigeait pas d'une manière uniforme cette mention de la valeur fournie, mais sous le Code les art. 137 et 138 s'appliquent à tous les effets de commerce et non-seulement aux lettres de change et billets à ordre. (Cass., 1er mars 1843.) C'est à tort que ce principe reconnu en ce qui concerne le transport de propriété, a été méconnu par des arrêts de Cours d'appel en ce qui concerne le privilége du commissionnaire. (Douai, 5 janvier 1844.)

Le commissionnaire qui a fait des avances sur marchandises à lui expédiées a privilége sur elles, si elles sont en sa possession, c'est-à-dire si elles sont dans ses magasins ou dans un magasin public ou bien encore lorsqu'il en est saisi par un connaissement ou une lettre de voiture. Quand le connaissement sera à personne dénommée, le commissionnaire dénommé dans l'acte ayant seul qualité pour recevoir les marchandises se trouvera suffisamment désigné. Pour le connaissement au porteur, le commissionnaire détenteur du titre aura sans aucun doute le privilége dont parle la loi. Si nous supposons un connaissement à ordre transmis par un endossement régulier, la solution sera la même que dans les cas précédents ; mais quand l'endossement est irrégulier, que faudra-t-il décider? La question quoique controversée doit être résolue contre le commissionnaire sans aucun doute. M. Massé, pour soutenir le contraire, s'appuie sur deux arguments que nous ne pouvons admettre. Le droit du commissionnaire ne peut être contesté, dit le savant magistrat, parce qu'il a un droit réel sur les marchandises ; outre sa qualité de mandataire il a celle de *procurator in rem suam*, le fait d'avoir fourni des avances lui donne une qualité nouvelle qui ne peut être contestée ni par le débiteur, ni par les tiers et qui est irrévocable. Il y a là une confusion, a-t-on répondu dans l'opinion contraire, quand un négociant transmet un connaissement à un commissionnaire, il peut se proposer deux buts parfaitement distincts. Il peut vouloir le constituer mandataire chargé de négocier la marchandise et de lui en tenir compte, alors il lui endossera l'effet irrégulièrement ou en blanc pour ne lui conférer que des pouvoirs limités. Il peut vouloir le rendre commissionnaire et obtenir de lui des avances, en pareil cas, il exprimera son intention par un endossement régulier propre à lui transférer la propriété des marchandises qui doivent lui tenir lieu de gage. Le commissionnaire jouira du privilége si les marchandises sont dans ses magasins ou dans un magasin public, ce qui n'est pas notre hypothèse ou s'il en est saisi par un connaissement ou une lettre de voiture, ce qui est notre hypothèse. Mais pour que cet endossement vaille à l'effet de conférer au commissionnaire un droit irrévocable et par suite un privilége, il faut qu'il soit régulier et notamment qu'il exprime la valeur fournie, autrement à quoi bon prescrire des formalités dans l'art. 137 Co., si on peut les omettre impunément et cela quand la loi a prononcé une sanction?

Comme second argument, M. Massé prétend qu'on ne peut exiger pour la mise en gage la saisine résultant de la régularité de l'endossement, et qui n'est exigée par la loi que pour le transport de propriété. Cet argument se réfute d'une manière péremptoire par cette considération, que, pour la mise en gage, tout aussi bien que pour le transport de propriété des choses mobilières, il faut la saisine réelle ou fictive des objets. (2076 C. Nap.)

La solution que nous venons d'adopter a été souvent consacrée par la Cour de cassation (1). La Cour a toutefois reconnu qu'on pouvait prouver contre l'endosseur la fourniture de la valeur ainsi que contre la masse de sa faillite, qui ne fait qu'exercer ses droits ; c'est la solution que nous avons déjà admise avec M. Massé, à propos des lettres de change et des billets à ordre. Mais la preuve ne saurait être admise à l'égard des tiers qui agissent en leur propre nom, par exemple, à l'égard du vendeur des marchandises dont le privilége ne cesse qu'autant que la tradition a été effectuée dans les magasins de l'acheteur ou de son commissionnaire, ou lorsque les marchandises ont été vendues sans fraude sur con-

(1) V. Cass. 1er mars 1843. 25 juillet 1849. 30 janvier 1850. 6 décembre 1852. Massé, *Droit comm.*, t. VI, nº 608.

naissement ou lettre de voiture 576 Co., c'est-à-dire lorsqu'il y a eu transport et non pas seulement procuration.

L'endossement du connaissement a pour effet de transférer la propriété de la marchandise à l'égard des tiers, si l'on s'est conformé aux art. 137 et 138. (Aix, 26 août 1809.) En ce qui concerne les rapports du capitaine et de l'armateur, le porteur du connaissement, qu'il soit propriétaire ou mandataire, peut retirer les effets portés au connaissement, et c'est à lui seul que le capitaine doit opérer la délivrance. Seulement en délivrant la marchandise, le capitaine devra se faire remettre le connaissement acquitté, il devra même, s'il y a plusieurs exemplaires, se les faire restituer tous, sans quoi il devient responsable des abus que le chargeur pourrait commettre avec l'un de ceux qui lui ont été confiés.

Il peut y avoir plusieurs porteurs de connaissements qui se présentent pour réclamer la marchandise, cela peut avoir lieu dans diverses hypothèses. Cela arrivera d'abord en cas de rupture du premier voyage, soit avant le départ, soit en cours de route. Dans une espèce qui a été soumise le 13 janvier 1869 à la Cour suprême, il y avait un connaissement pour un voyage qui devait avoir lieu de Gênes à Londres par Cette et Bordeaux, et dans cette dernière ville on avait rédigé un nouveau connaissement. En cas de concours, lequel fallait-il préférer des deux porteurs ? La Cour n'a pas eu à statuer sur ce point, car on plaidait une question de prescription, mais si elle lui avait été soumise, elle aurait dû préférer le porteur du premier connaissement, car il ne serait guères juste de le dépouiller de sa propriété, par suite d'un événement auquel il est demeuré complètement étranger. Le porteur de l'autre connaissement aura le plus souvent quelque faute à se reprocher, en tout cas, il a dû savoir avec qui il contractait, s'il a été prudent il aura toujours un recours efficace. Dans une autre hypothèse, deux connaissements avaient été rédigés par suite du transbordement des marchandises d'un navire sur un autre dans le port de départ, le capitaine du navire, sur lequel les marchandises avaient été transbordées, arriva le premier, délivra les marchandises et fut libéré définitivement pour avoir accompli son obligation ; mais le capitaine du premier navire fut déclaré responsable envers le porteur du premier connaissement, comme ayant imprudemment laissé transborder, bien que du consentement du chargeur, les marchandises, sans retirer tous les exemplaires du connaissement qu'il avait primitivement souscrit.

Il peut y avoir en second lieu plusieurs porteurs de connaissements, parce qu'on aura rédigé plusieurs originaux à ordre ; en pareil cas, le capitaine devra se les faire tous remettre pour éviter toute réclamation ultérieure. Le 17 octobre 1856, le tribunal de commerce de la Rochelle a consacré ces principes, mais il a eu le tort, dans l'impossibilité où se trouvait le chargeur de les représenter tous, de rejeter l'offre qu'il faisait d'une caution solidaire garantissant le capitaine contre toutes réclamations qui pourraient lui être adressées par le destinataire au port d'arrivée.

Si les divers exemplaires se trouvent en différentes mains et s'il y a conflit entre les porteurs, le capitaine s'adressera à la justice pour qu'elle désigne un endroit où les marchandises seront déposées, pour être délivrées à la partie qui justifiera y avoir droit. « Souvent dans la pratique, nous dit M. Caumont, le capitaine passe obéissance de remettre au réclamateur qui sera indiqué par justice. Parce ce moyen le débat ne s'agite qu'entre les consignataires et la responsabilité du capitaine est exonérée, puisqu'il ne fait qu'obéir au jugement qui intervient ; nous conseillons toujours ce mode de procéder. » (1.)

On insère aussi souvent, dans l'un des exemplaires du connaissement, une clause aux termes de laquelle, *celui-ci demeurant accompli, les autres de nulle valeur ;* mais pour que le capitaine se libère en remettant la marchandise au porteur de cet exemplaire, il faut que les autres exemplaires fassent mention de l'insertion de la clause sur l'un d'eux.

Dans une hypothèse qui s'est présentée devant le tribunal du Havre et la Cour de Rouen, le destinataire ayant reçu le connaissement l'avait remis à un commissionnaire pour recevoir la marchandise et la réexpédier à sa fabrique ; mais celui-ci, infidèle à son mandat, tira des traites sur un tiers et remit le connaissement au porteur des traites. Un peu plus tard l'expéditeur, en apprenant au destinataire qu'il avait tiré des traites sur lui égales au montant de l'expédition, lui envoya un nouvel exemplaire du connaissement que celui-ci remit à une personne chargée de réclamer la marchandise à l'arrivée. Ce fut entre cette personne, représentant le

(1) *Dictionnaire universel de droit maritime,* v° *Connaissement,* § 16.

destinataire et le porteur qui avait reçu l'effet du commissionnaire, que s'éleva le conflit. En première instance et en appel, le destinataire obtint gain de cause, parce qu'il n'avait pas cessé d'être propriétaire. La Cour suprême, le 17 août 1859, cassa l'arrêt de Rouen, du 28 mars 1857, parce que, pour être bon il aurait fallu que le porteur eût été de mauvaise foi, ce qui n'était nullement constaté par la Cour. Les traites tirées par le commissionnaire coupable d'abus de confiance et remises au porteur du connaissement n'avaient pas été acceptées, mais cela ne pouvait anéantir les droits du porteur en vertu d'un endos régulier et les exceptions opposables à l'endosseur ne l'étaient pas en principe à ce porteur de bonne foi. Les décisions ultérieures qui intervinrent dans cette affaire, quoique contraires au porteur étaient d'accord avec nos principes, car la Cour d'appel saisie du renvoi avait reconnu qu'il était de mauvaise foi (Paris, 1er décembre 1860. Cass. 13 janvier 1862.) Comme on le voit, nous ne suivons pas la doctrine de M. Caumont, qui, au commencement du paragraphe précité, dit que dans le cas où les deux consignataires porteurs l'un et l'autre d'un connaissement se présenteraient pour recevoir les marchandises, le capitaine devrait les délivrer à celui dont le connaissement aurait été expédié le premier, *quia occupantis melior solet esse conditio*. Nous considérons la question comme ne pouvant être résolue *à priori* et les circonstances de fait comme exerçant une influence souvent décisive sur la solution à donner (1).

---

(1) Comp., Casarégis, *Disc.* 25, n° 7; Pardessus, *Droit comm.*, n° 727.

L'endossement régulier d'un connaissement transmet la propriété des marchandises qui y sont relatées ; cette doctrine a été contestée, mais à tort, par quelques arrêts. Parmi ces arrêts, on peut citer celui du 31 mars 1865 de la Cour d'Aix, suivant lequel l'endossement d'un connaissement ne confère au porteur qu'un droit de mainmise sur la marchandise, avec attribution d'un privilége jusqu'à concurrence de la somme déboursée pour obtenir le montant du connaissement. Cette opinion nous semble réfutée par la combinaison des art. 136 et 281, Co., aussi est-elle repoussée par la Cour de cassation, qui a permis au porteur d'un connaissement, en vertu d'un endos régulier, d'exiger de l'acheteur le prix du chargement, comme l'aurait pu le vendeur lui-même. (Cass., 31 mai 1869.) Peu importe que celui-ci soit tombé en faillite, car il agit en son propre nom comme propriétaire en vertu d'un endos régulier et non comme créancier du vendeur.

Les marchandises expédiées au failli peuvent être revendiquées avant leur arrivée par le vendeur, lorsqu'elles ont été vendues sur connaissement, mais non pas en même temps sur facture, comme le veut la loi, 576, Co. Cependant, si c'est tout autre individu que le vendeur non payé, par exemple, celui qui a fait acheter les marchandises pour son compte, et qui a été victime d'un abus de confiance de la part du tiers auquel il avait remis le connaissement pour veiller à la réception et à la réexpédition des marchandises, et qui l'a endossé à un tiers porteur de bonne foi sur lequel il a tiré des lettres de change garanties par le connaissement, il ne peut exiger qu'il y ait simultanéité de transmission de ce titre et de la facture, puisque celle-ci ne pouvant être à ordre, il faudrait rédiger un acte de cession, ce qui est en opposition avec l'esprit de la loi. (Cass., 13 janvier 1862.)

L'obligation qui incombe au capitaine de ne délivrer la marchandise qu'au porteur du connaissement à ordre est absolue; elle doit être exécutée malgré les oppositions que les tiers pourraient former. A cet égard, le connaissement confère un droit aussi absolu à celui qui en est muni que celui du porteur en vertu d'une lettre de change. L'opposition n'est possible qu'en cas de perte du titre ou de faillite du porteur. (149, Co.) Ainsi le porteur qui a reçu le titre d'un individu qui ne le détenait que précairement, et qui s'était obligé envers le propriétaire à ne l'aliéner que du consentement de celui-ci, ne pourrait se voir opposer l'abus de confiance commis par son auteur, quand il vient réclamer la marchandise. (Aix, 4 décembre 1820.) Ces conséquences ne sont exactes qu'autant que le tiers porteur est de bonne foi. Ainsi s'il avait su que son endossur n'était qu'un simple consignataire, il ne deviendrait qu'un consignataire substitué. (Cass., 13 août 1822.)

L'endossement régulier, ayant pour effet d'anéantir les droits du véritable propriétaire, anéantirait également ceux du vendeur non payé de la marchandise, sauf à discuter la bonne foi du porteur. Le capitaine qui aura délivré la marchandise au porteur régulier du connaissement se trouvera libéré, alors même qu'on prouverait ultérieurement qu'il n'y avait aucun droit.

QUATRIÈME SECTION.

Billets de grosse.

La clause à ordre qui est si utile dans le commerce par la facilité qu'elle donne de négocier le titre sans formalités, ne pouvait manquer de devenir en usage dans les billets de grosse dont l'exigibilité peut être retardée si longtemps par suite d'accidents. Tel prêtait hier, qui demain sera obligé d'emprunter; au lieu de contracter un emprunt direct, il vaudra beaucoup mieux pour son crédit négocier la créance qu'il avait acquise. Aussi, bien que l'ordonnance de 1681 fût muette sur la question, la clause à ordre avait-elle été admise par la pratique. Les mots à ordre n'ont rien de sacramentel, aussi un arrêt de la Cour de cassation du 27 février 1810 fait-il dériver la faculté d'endosser le billet, de la déclaration que le billet était payable au porteur légitime.

Ici les formes prescrites pour l'endossement des lettres de change devront être observées, puisque le mode de cession est le même. Ainsi, l'endossement irrégulier laissera l'endosseur propriétaire et le porteur sera passible de toutes les exceptions opposables à son auteur. (Bordeaux, 5 février 1839).

L'endossement du billet de grosse en transfère la propriété telle qu'elle appartenait au cédant avec ses avantages et ses inconvénients. Si les objets affectés viennent à périr par naufrage, le cessionnaire se trouve en perte et ne peut plus rien exiger de son cédant, pas plus que du souscripteur du billet. Ces deux personnes sont libérées de leurs engagements par la réalisation du sinistre, fût-elle arrivée au moment de la négociation du billet, pourvu toutefois qu'elle n'ait pas été connue du cédant. Si le navire arrive à bon port, le cessionnaire se trouve remboursé du capital et du profit maritime, en ce cas le souscripteur et l'endosseur demeurent ses garants solidaires. Cette responsabilité dérive de l'endossement, seulement la question délicate consistait à limiter cette garantie d'une manière exacte. Comprendrait-elle le remboursement du capital seul ou ne devrait-on pas l'étendre au paiement du profit maritime? Casarégis (*Disc.* 55, n° 2) étend la garantie au capital et au profit maritime : *Giratarius cambii maritimi habetur regressus contra girantem ut valutam per eum receptam restituat.* Emérigon, *Contrat à la grosse* ch. IX, sect. I, § 2) donne une solution contraire, en considérant l'endossement comme un cautionnement. Le projet de Code ne s'occupait pas de la question, la Cour de Rennes demanda qu'on consacrât l'opinion repoussée par Emérigon, parce que, disait-elle, si l'endossement est un cautionnement garantissant le principal, il n'y a pas de raison pour qu'il ne garantisse pas l'accessoire. La commission fit droit aux réclamations de la Cour de Rennes, mais le Conseil d'Etat adoptant l'opinion d'Emérigon, limita la garantie au principal, bien qu'en s'appuyant sur d'autres motifs que le savant auteur marseillais. Il se fonda sur ce que la garantie doit avoir pour limite la somme que l'on reçoit. Le prêteur à la grosse a endossé son billet pour une somme égale à celle qu'il a prêtée; si on le rendait garant au delà de ce qu'il a reçu, il ne trouverait aucun avantage en compensation. L'équité commande donc la solution adoptée en définitive, mais comme nous n'avons ici qu'une question d'intérêt privé, les parties peuvent déroger à la règle posée par la loi ; il n'y a à cela aucun inconvénient, attendu que le cédant qui se soumettra à une garantie plus étendue, ne manquera pas de stipuler en échange quelque avantage.

La dérogation pourrait avoir lieu en ce qui concerne le principal, le cédant pourra endosser le billet à forfait ; il retirera alors de son billet un avantage diminué en proportion de l'obligation dont il se décharge. L'endosseur pourrait-il, en cas de perte ou de bris de navire, se soumettre à la garantie du capital et même du profit maritime ? Il faut sans hésiter répondre non, parce que nous aurions là une opération usuraire ; le porteur du billet de grosse ne peut courir la chance du profit maritime qu'en courant la chance inverse de la perte du navire, du moment qu'il n'y a plus de chances réciproques de gain et de perte, l'opération devient illicite, et l'endosseur, en cas de sinistre, ne devrait rien.

La nullité d'un prêt à la grosse fait pour une somme excédant la valeur des objets sur lesquels il est affecté, peut être demandée non-seulement par le prêteur lui-même, mais encore par le porteur. (M. Massé t. IV, n° 99). Il pourra opposer à l'emprunteur la fraude qu'il aurait commise envers le prêteur. Les exceptions opposables aux endosseurs précédents ne lui seront pas opposables conformément aux principes généraux en matière d'effets de commerce. De même les endosseurs ne pourront être recherchés qu'après refus de paiement du débiteur principal constaté par un protêt. (Pardessus. *Dr. com.*, 889). Il faudra faire dresser protêt le lendemain de l'échéance suivant le droit commun, nous n'aurons de dérogation à ses principes que celle qui sera commandée par la nature des choses. Si l'échéance est fixe, aucune difficulté ne peut exister, le porteur se présentera au jour indiqué, et s'il y a refus de paiement, le lendemain il fera dresser protêt. L'époque du remboursement peut au contraire être indéterminée, ce sera par exemple l'époque où le navire aura atteint telle hauteur en mer, ce sera la conséquence de la rupture du voyage ou d'un simple déroutement; on ne pouvait obliger le porteur à se présenter à une échéance qu'il ne peut connaître et il y aurait eu injustice à prononcer contre lui une déchéance pour n'avoir pas protesté le lendemain. En pareil cas, le porteur doit se présenter sitôt qu'il a connaissance de l'événement et protester le lendemain; les tribunaux, dans leur sagesse, apprécieront s'il est coupable ou non de négligence et s'il est ou non déchu. Le 19 avril 1820, le tribunal de commerce de Marseille a jugé que le porteur doit, sous peine de déchéance, faire protester le lendemain du jour où il a notifié le déroutement aux endosseurs.

L'endossement des billets de grosse n'est pas très-usuel dans la pratique, car la spéculation, on le conçoit, n'aime pas se lancer dans des opérations aussi hasardeuses.

CINQUIÈME SECTION.

Polices d'assurance.

Comme tous les titres commerciaux, la police d'assurance peut être à ordre ou au porteur. Le Code est muet sur ce point, mais son silence ne peut donner lieu à aucune difficulté, car cette solution était universellement admise avant lui. Le 9 août 1808, la Cour suprême a décidé que l'endossement d'une police sous l'ordonnance pouvait ne pas remplir toutes les formalités prescrites pour l'endossement des lettres de change ; sous le Code, cette solution ne pourrait plus être donnée, elle a été effectivement condamnée le 15 juin 1826 par la Cour de Bruxelles, et le 1er mars 1847 par la Cour de cassation.

L'endossement régulier de la police d'assurance en transfère la propriété, tant à l'encontre des assureurs qu'à l'égard des créanciers de l'assuré ; le porteur a seul à l'avenir le droit de poursuivre le paiement de la perte, il a un droit propre, qui se trouve par conséquent à l'abri des exceptions opposables à l'assuré primitif et aux endosseurs précédents. Cette solution ne concerne que les exceptions personnelles à ceux-ci, car si elles dérivaient de clauses de la police ou du caractère du contrat, il en serait autrement. L'assureur ne pourra exciper contre le porteur de la compensation qu'il aurait à opposer à l'assuré, entre la perte et ce que celui-ci lui devrait à tout autre titre ; mais il pourrait compenser la perte et la prime due par l'assuré jusqu'à due concurrence. (Trib. de Marseille 11 octobre 1823.)

Si la chose périt par vice propre, l'assureur est libéré aussi bien envers le porteur de la police qu'envers l'assuré lui-même, qui en serait demeuré nanti. (Cass. 25 mars 1863.)

Les polices d'assurance sont rarement à ordre, elles sont presque toujours au porteur et se transmettent en même temps que le connaissement. La spéculation ne peut guères se porter sur elles à cause de leur nature aléatoire.

Les polices d'assurance sur la vie peuvent être à ordre aussi bien que les polices d'assurance maritime ; en pareil cas, elles seront transmissibles par endossement, et l'on n'aura pas besoin de recourir aux formalités de la signification. (Paris 12 février 1857.)

SIXIÈME SECTION.

Lettres de voiture.

La lettre de voiture peut être à ordre ; cet usage a été introduit pour faciliter les transactions commerciales et pour faciliter au commissionnaire l'acquittement de ses obligations, parce que, si l'argent lui manque, il s'en procurera en négociant la lettre de voiture. Quand la lettre de voiture a été passée à l'ordre du commissionnaire, c'est comme si elle avait été prise à son nom ; il a droit au privilége de l'art. 95 Co. comme si elle avait été souscrite à son ordre. Le voiturier est valablement libéré en remettant les objets au porteur de la lettre de voiture.

La lettre de voiture n'est transmissible par endossement que si elle a été créée à ordre, aussi est-il impossible de justifier l'idée contraire émise par la Cour de Lyon, le 10 janvier 1826. La Cour de cassation, le 12 janvier 1847, et le 26 janvier 1848, a formellement repoussé cette doctrine, qui s'appuie cependant sur un usage constant du commerce, puisqu'il est attesté par un parère signé de plusieurs anciens présidents du tribunal de commerce de la Seine. On ne s'est jamais avisé de soutenir cette doctrine en ce qui concerne le connaissement où les principes sont les mêmes, on arriverait donc à faire produire à la lettre de voiture des effets plus étendus que ceux produits par le connaissement, ce qui est inadmissible. (Pardessus, *Dr. comm.*, 313.) En conséquence, si le vendeur est demeuré impayé, il pourra réclamer les marchandises en cours de voyage sans que le commissionnaire, auquel la lettre de voiture a été transmise, puisse prétendre au privilége de l'art. 95, Co., parce qu'il ne peut constater, par une lettre non à ordre, l'expédition qui lui a été faite. Il faudrait pour cela qu'il y eût eu un acte de cession régulier avec observation des formalités de l'art. 1690, C. Nap., c'est-à-dire signification au voiturier ou acceptation par lui, sans quoi le commissionnaire ne saurait avoir des droits plus étendus que son commettant.

Un arrêt de Cassation, du 18 janvier 1860, vient appuyer notre solution, en décidant que la lettre de voiture confère privilége au commissionnaire, quoique non à ordre, si elle a été transmise par une disposition y insérée équivalant à un passé à l'ordre, telle que celle-ci : « Veuillez recevoir pour compte et à la disposition de M..... »

Quand une lettre de voiture est à ordre, elle doit être endossée régulièrement pour transférer la propriété au porteur ou pour conférer un privilége au commissionnaire. La Cour de Rouen a eu tort, le 9 décembre 1847, de ne pas exiger la mention de valeur fournie pour conférer un privilége au commissionnaire. Cette doctrine, on l'a vu, est répudiée par la Cour de cassation en matière de connaissement, où les principes sont les mêmes.

Septième section.

Divers titres à ordre.

Tout titre peut être à ordre. Cette clause, en usage surtout dans le commerce, peut être apposée dans toute obligation. Ainsi une créance immobilière pourrait être à ordre, je puis m'obliger à vous fournir tant d'hectares de terre ou à votre ordre.

Les bons du Trésor, quand ils ne sont pas au porteur, sont négociables par endossement comme les effets de commerce. Ces bons représentent la dette flottante, et sont émis par le Ministre des finances, dans les limites fixées par la loi budgétaire, contre les sommes que les particuliers veulent bien lui apporter. Ces effets sont à échéance courte, dont la durée varie, mais est déterminée d'avance.

L'endos de ces bons ne comporte aucune idée de garantie pécuniaire; il constitue une sorte de mesure préventive contre la perte ou le détournement de l'effet.

La simple signature apposée au dos d'un bon du Trésor, constitue un transport du titre qui soumet celui qui l'a donnée à garantir au tiers porteur le recouvrement de la créance, et le rend responsable des irrégularités qui ont vicié cet endos et qui ont empêché le porteur de se faire payer par le Trésor, bien qu'elles proviennent du fait de celui dont l'endosseur en blanc avait suivi la foi : il sera tenu en conséquence de rectifier l'endossement. (Paris, 10 mai 1860.)

Les bons du Mont-de-Piété peuvent être à ordre, ils seront alors cessibles par endossement. Ce sont des effets publics, mais la cession qu'on en fait n'a qu'un caractère purement privé, en conséquence l'altération d'un tel endossement ne constitue pas le crime de faux en écriture publique et authentique ; il en est autrement en matière d'effets de commerce, l'altération de l'endossement d'un tel effet constitue le crime de faux en écriture de commerce, comme l'altération de l'effet lui-même. (Cass., 3 mars 1864.) Les bons de la Caisse de la boulangerie peuvent être à ordre, on a décidé qu'en pareil cas, lorsque le bon a été détruit par force majeure, celui qui justifie qu'il en était propriétaire, peut, en rapportant la preuve du fait de la destruction, exiger que l'établissement qui a émis la valeur lui en rembourse le montant. L'offre d'en déposer le montant à la Caisse des dépôts et consignations faite par le Préfet de la Seine, représentant de la Caisse, n'a pas été jugée suffisante, parce que la preuve de la destruction du titre ayant été faite, il ne pourra y avoir lieu de le rembourser à nouveau. Au surplus, en admettant même qu'il existât encore, il ne pourrait être représenté qu'à l'aide d'un faux, dont la Ville n'aurait pas à supporter les conséquences. (Paris, 23 novembre 1866.)

Les actions des sociétés peuvent être nominatives, au porteur ou à ordre. Dans ce dernier cas, elles seront négociables par voie d'endossement. La Cour de Paris a décidé qu'une société en commandite par actions ne peut se refuser à reconnaître comme actionnaire celui auquel les actions ont été transmises par une simple mention d'ordre, conformément aux statuts de la société qui autorisaient ce mode de transmission, encore bien que l'ordre ne présente pas l'accomplissement de toutes les formalités exigées pour l'entière validité des endossements appliqués aux lettres de change et aux billets à ordre. Vouloir décider autrement, ce serait, suivant la Cour, ajouter aux statuts sociaux qui déclarent les actions transmissibles par la voie d'ordre. (Paris, 18 août 1852.)

POSITIONS

DROIT ROMAIN.

I. Le débiteur auquel la *denuntiatio* n'a pas été faite, mais qui a connaissance *extrinsecus* de la cession, ne se libère pas valablement entre les mains du cédant.

II. L'action d'injures est incessible.

III. Lorsque le bénéfice de cession d'actions a été rendu impossible par la faute du créancier, celui-ci peut, dans certains cas, être repoussé par le débiteur qu'il actionne.

IV. L'exception de dol du chef du cédant est opposable au cessionnaire.

V. Le cédant ne transmet à son cessionnaire que les *privilegia causæ* et non les *privilegia personæ*.

VI. Pour recourir d'après la loi *Per diversas* contre le débiteur dans la limite des déboursés, le cessionnaire doit prouver qu'il a fourni la somme au cédant.

VII. En ce qui concerne la différence entre le montant des déboursés et celui de la créance nominale, il ne subsiste pas d'obligation naturelle à la charge du débiteur.

VIII. Il n'y a pas antinomie entre la loi 69 D. *de rei vindicatione* et la loi 12. D. *de re judicata*.

IX. Le cédant ne garantit les sûretés accessoires de la créance, que si elle a été cédée comme munie de ces garanties. (Loi 30 D. *de pignoribus*.)

DROIT CIVIL.

I. L'hypothèque garantissant un titre à ordre est transmissible par endossement.

II. L'art. 14 C. Nap. trouve son application quand le titre cédé est à ordre, mais non pas quand il est à personne dénommée.

III. L'art. 2037 est applicable à l'endosseur qui, ayant remboursé le porteur, prétend exercer un recours contre les endosseurs précédents.

DROIT COMMERCIAL.

I. La question de savoir si les exceptions opposables à l'endosseur le sont au porteur, demande, pour être résolue, des distinctions.

II. En principe, lorsque la lettre de change vient à passer entre les mains du tiré avant l'échéance, celui-ci ne peut plus remettre le titre en circulation, parce qu'il y a confusion.

III. Lorsqu'il y a des besoins indiqués dans le titre et dans les endossements, le porteur, pour assurer son recours, doit faire protêt au domicile de chacun.

IV. Malgré la preuve de l'accomplissement des formalités voulues par la loi, l'endossement irrégulier n'est pas translatif de propriété dans les rapports avec les tiers.

V. L'endosseur qui a reçu le titre en vertu d'un endossement irrégulier et qui a remboursé un porteur qui détenait le titre en vertu d'un endos régulier, est subrogé aux droits de celui-ci et peut recourir contre ceux qui le précèdent.

VI. L'endosseur qui, s'étant dessaisi du titre, consent à la radiation de l'hypothèque le garantissant, fait un acte qui ne peut avoir de conséquence relativement au nouveau titulaire.

VII. L'endossement de garantie n'est translatif de propriété que sous des distinctions résultant de la nature du contrat intervenu.

VIII. Quand un billet à ordre porte des signatures d'individus négociants et d'individus non négociants, le tribunal de commerce est compétent, alors même que les négociants ne seraient tenus qu'en vertu d'endossements irréguliers.

IX. L'endossement en blanc, même après le décès ou la faillite de celui qui l'a opéré, suffit pour constituer le porteur mandataire apparent, capable de transférer valablement le titre aux tiers de bonne foi.

X Le paiement effectué en warrants ne constitue un paiement en effets de commerce et comme tel non susceptible d'être attaqué en cas de faillite, quand il a eu lieu dans les dix jours précédant la cessation des paiements, qu'autant qu'il a été consenti par le cessionnaire du déposant et séparément du récépissé.

XI. Le conflit entre plusieurs porteurs de connaissements ne peut être tranché d'une manière absolue, les circonstances de fait déterminant les principes qu'il faut appliquer.

XII. Pour que le commissionnaire qui a fait des avances sur marchandises à lui expédiées ait privilége sur elles, il faut que le connaissement à ordre lui soit endossé régulièrement.

XIII. Le porteur est propriétaire de la provision, que le tiré ait ou non accepté.

PROCÉDURE CIVILE.

I. Le ministère public fait partie du tribunal civil, jugeant commercialement.

II. Les jugements des tribunaux consulaires aux Echelles du Levant sont, en ce qui concerne le premier et le dernier ressort, soumis aux règles qui régissent en France les tribunaux civils et de commerce.

DROIT PÉNAL.

I. Le duel ne constitue ni crime, ni délit.

II. L'art. 365 Inst. crim. qui consacre le principe du non-cumul des peines est applicable aux contraventions prévues par des lois spéciales, et punies de peines correctionnelles.

DROIT DES GENS.

I. Les prérogatives d'immunités conférées par le décret du 13 ventôse an II, aux agents diplomatiques étrangers, ne s'appliquent pas aux consuls établis pour protéger les intérêts du commerce.

II. Le juge qui fait arrêter, sans ordre du Gouvernement, le capitaine d'un vaisseau parlementaire, pour contravention prétendue aux lois sur les douanes, se rend coupable d'arrestation arbitraire.

HISTOIRE DU DROIT.

I. Les Juifs sont les inventeurs de la lettre de change.

II. Dans notre ancien droit, le divorce devait être admis en ce qui concerne les Juifs, parce que la question devait être tranchée d'après leur loi.

Vu par le Président de la thèse,

F. RATAUD.

Vu :

G. COLMET-DAAGE.

Vu et permis d'imprimer :

Le Vice-Recteur de l'Académie de Paris,

A. MOURIER.

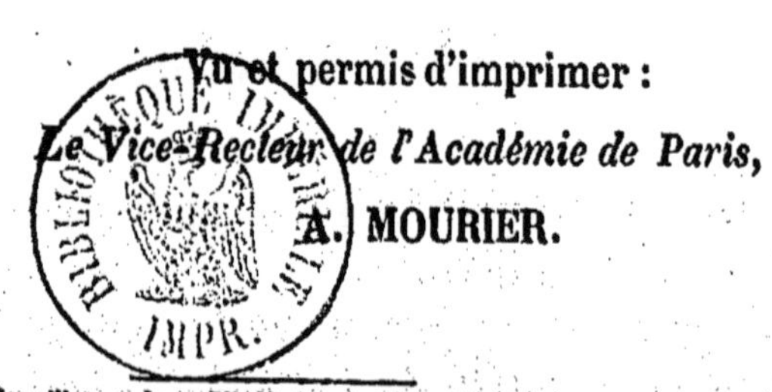

Versailles. — Imp. BEAU, rue de l'Orangerie, 36.

www.ingramcontent.com/pod-product-compliance
Ingram Content Group UK Ltd.
Pitfield, Milton Keynes, MK11 3LW, UK
UKHW020120200726
13856UKWH00002B/653

9 782013 538114